Dünyanın Kıyısındaki Kafe

Pegasus Yayınları: 2321

Dünyanın Kıyısındaki Kafe
John Strelecky
Özgün Adı: The Why Café

Editör: Tüvana Zararsız
Düzelti: Halûk Kürşad Kopuzlu
Sayfa Tasarımı: Ezgi Gültekin

Baskı-Cilt: Alioğlu Matbaacılık
Sertifika No: 45121
Orta Mah. Fatin Rüştü Sok. No: 1/3-A
Bayrampaşa/İstanbul
Tel: 0212 612 95 59

2. Baskı: İstanbul, Aralık 2025
ISBN: 978-605-299-952-3

Yayıncı Sertifika No: 45118

Pegasus Yayıncılık Tic. San. Ltd. Şti.
Gümüşsuyu Mah. Osmanlı Sk. Alara Han
No: 11/9 Taksim / İSTANBUL
Tel: 0212 244 23 50 (pbx) Faks: 0212 244 23 46
www.pegasusyayinlari.com / info@pegasusyayinlari.com

pegasusyayinevi pegasusyayinlari pegasusyayinlari pegasusyayinlari_resmi

JOHN STRELECKY

Dünyanın Kıyısındaki Kafe

İngilizceden çeviren:
Sevinç Seyla Tezcan

PEGASUS YAYINLARI

ÖVGÜLER

"BİLGECE... Yaşamaya dair evrensel bir rehber."

Orlando Sentinel

"John P. Strelecky parmağını dünyanın nabzına koymuş."

Gannett Media (*USA Today*)

"Bu küçük kitap dünyadaki bütün okuyucuları ŞAŞIRTACAK ve herkese İLHAM VERECEK. Duygusal dönüm noktalarında karşımıza çıkan fırsatları anlatan bu küçük hikâye, hayata dair çok önemli ve derin meselelere değiniyor. Şiddetle tavsiye ediyorum."

Bill Bridges

"Hayata bakış açınızı değiştirecek basit ve HAYAT DEĞİŞTİREN bir hikâye."

Spirit Works Book Review

"Yirmi birinci yüzyılın *Simyacı*'sı."

RBA Libros

"BAYILDIM! Kitabı bir solukta okuyup bitirdim. HARİKA! *Dünyanın Kıyısındaki Kafe* KESİNLİKLE okunmaya değer bir kitap."

Horizons Magazine

"ÖZGÜN... GÜÇLÜ BİR HAYAL GÜCÜNÜN ÜRÜNÜ... ETKİLEYİCİ... VE HAYAT DEĞİŞTİREN BİR ESER. Henüz elimdekini okumayı bitirmeden kitaptan on tane daha sipariş ettim."

Bill Guggenheim

"Çarpıcı, insanı harekete geçiren, aydınlatan, derin bir kitap... HAYATIN EN ZOR SORULARININ CEVAPLARINA AÇILAN KAPININ ANAHTARI NİTELİĞİNDE."

Lifestyle Magazine

"DÜŞÜNDÜREN, İLHAM VEREN BİR OKUMA DENEYİMİ. Karakterler gerçekten sıra dışı."

Nights and Weekends Book Review

"Hayatınızı ve aslında kim olduğunuzu düşünmenizi sağlayacak KUSURSUZ BİR HİKÂYE."

Van K. Tharp

"Hikâyenin içine girdiğiniz andan itibaren KİTABI ELİNİZDEN BIRAKMAK İSTEMEYECEKSİNİZ!"

Midwest Book Review

"Hayatın amacına ve bireyler olarak bizim rollerimize dair DERİN SORULAR YÖNELTİYOR."

Publishers Weekly

Yaptığım her şeyde ruh eşim Xin için
Kalbimi gülümseten Sophia'ya
Casey'ye, Mike'a ve Anne'e

Önsöz Bazen hiç beklemediğiniz ve belki de en çok ihtiyaç duyduğunuz anda kendinizi yeni bir yerde, yeni insanlarla birlikte bulur ve yeni şeyler öğrenirsiniz. Bir gece karanlık ve ıssız bir yolda bana da öyle oldu. Geriye dönüp baktığım zaman o andaki durumum, o zamanki hayatımın bir simgesi gibiydi. Yolda kaybolduğum gibi hayatta da kaybolmuştum; tam olarak nereye gittiğimi ya da neden o yönde ilerlediğimi bilmiyordum.

İşten bir hafta izin almıştım. Amacım işle bağlantılı her şeyden uzaklaşmaktı. Berbat bir işim olduğundan değil. Elbette işimin bunaltıcı yanları da vardı. Ama her şeyden önemlisi, çoğu gün kendimi, hayatta günün on ila on iki saatini bir ofis bölmesinde çalışarak geçirmekten daha fazlası olması gerekmez mi, diye sorgularken buluyordum. Üstelik bunu yaparken nihai amaç, bu kez günün on iki ila on dört saatini ofiste geçirmenin yolunu açacak bir terfi almak gibi görünüyordu.

Lise boyunca üniversiteye hazırlanmıştım. Üniversitede iş dünyasına hazırlanmıştım. O zamandan beri bütün zamanımı çalıştığım şirkette yükselmenin bir yolunu arayarak geçirmiştim. Ama şimdi, o yollarda yönlendirilmeme yardım eden insanlar kendi hayatlarında birilerinin onlara söyleyip durduğu şeyleri bana söyleyip duruyor olabilirler mi, diye sorguluyordum.

Kötü tavsiyeler değildi, gerçekten, fakat tam anlamıyla tatmin edici tavsiyeler oldukları da söylenemezdi. Hayatımı parayla takas ediyormuş gibi hissediyordum ve bu bana hiç iyi bir alışveriş gibi gelmiyordu. "Dünyanın Kıyısındaki Kafe"yi bulduğumda işte böyle allak bullak durumdaydım.

Bu hikâyeyi başkalarına aktardığım zaman "mistik" ya da "*Alacakaranlık Kuşağı* tadında" gibi ifadeler kullandılar. İkinci ifade, insanların kendilerini ilk bakışta normal görünse de her zaman öyle çıkmayan yerlerde buldukları bir televizyon programına göndermeydi. Bazen, sadece bir an için kendimi yaşadığım tecrübenin gerçekliğini sorgularken buluyorum. Böyle olduğunda evdeki çalışma masamın çekmecesini açıyor ve Casey'nin bana verdiği menüdeki yazıyı okuyorum. Bu bana her şeyin ne kadar gerçek olduğunu hatırlatıyor.

Aynı yere geri dönüp o kafeyi bir kez daha bulmayı hiç denemedim. Küçük bir parçam, o akşam ne kadar gerçek olsa da, kafeyi bulduğum noktaya dönebilsem bile onun artık orada olmayacağına ve onu sadece o anda, o gece, onu bulmaya ihtiyacım olduğu için bulduğuma, kafenin sadece bu sebeple var olduğuna inanmak istiyor.

Belki bir gün oraya tekrar gitmeyi denerim. Ya da belki bir gece kendimi yine önünde buluveririm. O zaman içeri girip Casey'ye, Mike'a ve oradaysa Anne'e kafedeki o gecenin hayatımı nasıl değiştirdiğini anlatırım. Beni maruz bıraktıkları soruların, daha önce hayal bile edemeyeceğim düşünce ve keşiflerin yolunu nasıl açtığını.

Kim bilir, belki de o akşamı benim gibi yolunu kaybedip "Dünyanın Kıyısındaki Kafe"ye girmiş başka biriyle sohbet ederek geçiririm.

Ya da belki de tecrübemi anlattığım bir kitap yazarım ve kafenin amacına benim katkım da o kitap olur.

1 Yürümenin, yanında hızlı bir araba yarışı gibi kalacağı bir hızla, eyaletler arası otoyolda âdeta sürünüyordum. Bir saat boyunca milim milim ilerledikten sonra trafik tamamen durdu. Radyonun arama düğmesine bastım ve yaşam belirtisi aradım. Hiçbir şey yoktu.

Hiç kimse ilerleyemeden yirmi dakika geçince insanlar arabalarından inmeye başladılar. Bu aslında hiçbir şeyi çözmedi ama şimdi hepimiz kendi arabalarımızın dışında birilerine yakınabiliyorduk ve bu da hoş bir tempo değişikliğiydi.

Önümdeki minivanın sürücüsü saat 18.00'de oteline varamazsa rezervasyonunun iptal edileceğini tekrarlayıp duruyordu. Sol tarafımda duran üstü açık spor arabadaki kadın cep telefonundan birini aramış, ona otoyol sisteminin yetersizliklerinden yakınıyordu. Arkamdaki arabada, gençlik liginde oynayan bir araba dolusu beyzbol oyuncusu, onlara eşlik eden gözetmenlerini çıldırmanın eşiğine getirmek üzereydi. Kadıncağızın bir daha asla bir şeylere gönüllü olmayacağını düşündüğünü duyar gibiydim. Kısacası ben de uzun bir hoşnutsuzluk kurdelesinin minik bir parçasıydım.

Sonunda, en ufak bir ilerleme emaresi olmadan geçirilen bir yirmi beş dakikanın daha ardından, iki yolun arasındaki çimenlik alanda bir polis arabası göründü. Muhtemelen neler olduğunu insanlara izah etmek için otuz kırk metrede bir duruyorlardı.

Umarım şu memur, diye geçirdim içimden, *kendi iyiliği için yanında polis zırhı taşıyordur.*

Hepimiz büyük bir heyecanla sıramızın gelmesini bekliyorduk. Memur nihayet bizim bulunduğumuz kısma gelince, yaklaşık on kilometre ötede, zehirli madde taşıyor olma ihtimali bulunan bir tankerin devrildiğini söyledi. Yol tamamen kapanmıştı. Seçeneklerimiz, dönüp alternatif bir yol denemek –ama aslında öyle bir yolun olduğu söylenemezdi– ya da yolun açılmasını beklemekti. Bu da muhtemelen bir saat daha sürecekti.

Memurun bir sonraki mutsuz sürücüler grubuna doğru ilerlemesini seyrettim. Minivanlı adam rezervasyonuyla ilgili endişelerini bir kez daha tekrarlayınca sabrımın tükendiğine karar verdim.

Kendi kendime, "Ne zaman işlerden biraz uzaklaşmaya kalkışsam böyle oluyor," diye mırıldandım.

Çocukken olduğu gibi, fiziksel yakınlık sayesinde edindiğim yeni arkadaşlarıma, bunalma sını-

Kafe

rımı doldurduğumu ve farklı bir yol deneyeceğimi söyledim. Minivan sürücüsü saat 18.00 rezervasyonu hakkında son bir yorum daha yaptıktan sonra benim için yolu açtı ve ortadaki çimenlik alandan geçtim. Sonra farklı bir istikamette ilerlemeye başladım.

2 Yolculuğa çıkmadan önce internetten yol tarifinin çıktısını almıştım. O an bu bana çok akıllıca bir fikir gibi gelmişti. *Haritaya gerek yok*, diye düşünmüştüm. *Tek yapmam gereken bu basit, düz talimatlara uymak.*

Ama artık işe yaramadıkları için cep telefonumu çıkarıp harita uygulamasını açtım. Ekranda sürekli "Sisteme erişilemiyor" uyarısı çıkıyordu. Eskiden bütün araba yolculuklarımda bana eşlik eden yol haritasının yokluğunu çekiyordum.

Kuzeye doğru gitmem gerektiğini bile bile güneye doğru giderken sıkıntım daha da şiddetlendi. Bir çıkış olmadan geçen sekiz kilometre önce on beşe, sonra yirmi beşe ve daha sonra kırka kadar çıktı.

Kendi kendime yüksek sesle, "Bir çıkış bulduğum zaman artık bunun bir önemi kalmayacak çünkü gitmek istediğim yere nasıl gideceğim konusunda hiçbir fikrim yok," diye söylenerek gittikçe kötüleşen ruh halimi ortaya koymuş oldum.

Nihayet kırk beşinci kilometrede bir otoban çıkışı göründü.

Bu mümkün değil, diye düşündüm çıkış rampasının tepesine ulaşırken. *Muhtemelen dünyanın, bir otoban kavşağında bir benzin istasyonunun, bir fast-food restoranının ya da başka bir şeyin olmadığı tek yerindeyim.* Sol tarafıma baktım. Hiçbir şey yoktu. Sağ tarafımdaki manzara da bir o kadar boştu.

"Pekâlâ," dedim. "Hangi yöne gittiğimin bir önemi yokmuş gibi görünüyor."

Batı yönünde ilerlediğimi ve bir sonraki kavşakta yine sağa dönmem gerektiğini zihnime not ederek sağa saptım. Böylece en azından tekrar kuzeye yönelmiş olacaktım. Yol iki şeritliydi; biri beni geldiğim yönden iyice uzaklaştırırken, diğeri geri döndürüyordu. Hangisinde olmam gerektiğinden pek emin değildim. Çok az araba vardı. Burada medeniyet işaretleri daha da azalmıştı. Önce tek tük evler ve birkaç aile çiftliği gördüm ama sonra ağaçlardan ve çayırlardan başka hiçbir şey kalmadı.

Bir saat sonra resmen kaybolmuştum. Geçtiğim kavşakların hepsi çok küçüktü ve etrafta sadece insana başının belada olduğunu düşündürecek türden tabelalar vardı. Altmış kilometre boyunca kimseyi görmedikten sonra, gitmekte olduğunuz yolun adı "Eski 65. Otoyol"daki gibi "eski" kelimesiyle başlıyorsa işler sarpa sarmış demektir.

Geçtiğim diğer kavşaklardan daha iç açıcı olmayan bir sonraki kavşakta sağa döndüm. Tamamen çaresizlik kaynaklı bir eylemdi bu. Nerede olduğum konusunda hiçbir fikrim olmasa da en azından pusula üzerinde doğru yönde gidiyor olacaktım. Ne yazık ki bu yolun adı da "eski" kelimesiyle başlıyordu.

Saat 20.00'a yaklaşıyordu ve güneş ufukta alçaldıkça alçalıyordu. Güneş batmaya devam ederken benim sıkıntım da her an biraz daha artıyordu.

"Otoyolda kalmalıydım," dedim öfkeyle. "Bir saat kaybedeceğim diye sinirlendim ama şimdi iki saat kaybetmiş oldum ve hangi cehennemde olduğum konusunda hâlâ hiçbir fikrim yok."

Durumun arabayla bir ilgisi varmış ya da bana bir faydası olacakmış gibi arabanın tavanını yumrukladım.

On beş, yirmi, otuz kilometre daha... hâlâ hiçbir şey yoktu. Artık benzin depom da yarımın altına inmişti. Görebildiğim kadarıyla geri dönmek artık bir seçenek değildi. Kalan yakıtımla, bulabilecek dahi olsam, başladığım yere dönemezdim. Geri dönsem bile otoyol üzerinde benzin istasyonu yoktu.

Tek seçeneğim yola devam etmek ve sonunda depomu doldurup yiyecek bir şeyler bulabileceğim bir yere ulaşmaktı. Gerilimim ve sıkıntım yakıt göstergesiyle aksi yönde ilerlemeye devam ediyordu.

Dünyanın
Kıyısındaki
Kafe

Bu yolculuğa gerilim ve sıkıntıdan uzaklaşmak için çıkmıştım. İşim, faturalarım ve bir dereceye kadar genel olarak hayatım nedeniyle – evde bunlardan bolca vardı zaten. Burada da ihtiyacım yoktu bunlara. Bu yolculuk benim gevşeme ve "pilimi şarj etme" fırsatım olmalıydı.

Ne tuhaf bir ifade, diye geçirdim içimden. *Pilini şarj etmek. Tüken, şarj ol, tüken, şarj ol... Bu şekilde olumlu bir ilerleme nasıl kaydedilebilir ki?*

Güneş artık ağaçların arkasında tamamen görünmez olmuştu ve alacakaranlık, kırsal araziyi her saniye biraz daha içine çekiyordu. Bulutlardaki pembe ve turuncu izler gün ışığının son kalıntılarını yansıtıyordu ama ben yola ve gittikçe kötüleşen durumuma odaklandığım için gökyüzünün pek farkında değildim. Ortalıkta hâlâ hiç insan izi yoktu.

Bir kez daha yakıt göstergesine baktım. "Çeyrek deponun altında ve gittikçe azalıyor," dedim yüksek sesle.

Arabamda en son üniversiteden eve dönerken uyumuştum. Yıllar önceydi ve o tecrübeyi yeniden yaşamayı gerçekten planlamamıştım. Ne yazık ki şimdi yaşanma olasılığı her an biraz daha artıyor gibi görünüyordu.

Uykuya ihtiyacım var, diye düşündüm. *Böylece benzinim bitince yardım bulmak için yürüyecek gücü kendimde bulabilirim.*

3 Arabanın yakıt göstergesinin ibresi tam kırmızı çizginin altına inmişken bir ışık gördüm. Durumumun saçmalığına kendimi kaptırdığım için birkaç kilometre geride sola sapmıştım. O sapmadan sonra birilerini bulma ihtimalimin artacağına dair hiçbir işaret yoktu ama ben yine de sapmıştım işte. En azından adı "eski" kelimesiyle başlamayan bir yol olması o an için yeterince makul gelmişti.

Yüksek sesle, "İşe yarayabilecek bir çaresizlik eylemi," diye söylendim.

Işığa yaklaşınca onun bir sokak lambası olduğunu gördüm. Hiçliğin ortasının da ortasındaki ücra ötesi bir noktada tek başına parlayan, beyaz bir sokak lambası.

Bir dua gibi, "Lütfen orada bir şey olsun," diye tekrarlayarak son yarım kilometreyi de aştım. Ve evet, bir şey vardı.

Işığın altına gelince yoldan çıkıp toprak ve mıcır kaplı otopark alanına girdim. Şaşkınlık içinde, karşımda, çatısındaki açık mavi neon tabelada "Dünyanın Kıyısındaki Kafe" yazan, kutu gibi, küçük, beyaz bir bina gördüm. Ve otoparkta üç arabanın daha olması daha da şaşırtıcıydı. *Her nereden geldilerse benim geldiğim yön olamaz*, diye düşündüm çünkü yolculuğumun en az son bir saati boyunca hiç kimseyi görmemiştim. *Bu iyi olabilir. Her neredeysem buradan nasıl çıkılacağı konusunda benim bilmediğim şeyi onlar biliyordur umarım.*

Arabamdan indim, tutulan vücudumu açmak için kollarımı başımın üstüne doğru gerdim. Sonra girişe yürüdüm. Gökyüzü hilal biçimindeki kocaman ay ve binlerce yıldız dışında simsiyahtı. Kafenin kapısını açarken, iç kapı tokmağına tutturulmuş küçük çanlar gelişimi haber verdi.

İştah açıcı bir koku dalgasının burun deliklerime dolduğunu fark ederek şaşırdım. Ne kadar aç olduğumu o ana kadar anlamamıştım. Enfes kokunun kaynağını tam olarak çıkaramasam da, her ne olursa olsun ondan üç tabak sipariş etmeye çoktan karar vermiştim.

4 Kafeye eski bir hamburger restoranı havası hâkimdi. Uzun, ince, beyaz bir tezgâhın önüne ayakları krom rengi, minderleri kırmızı tabureler sıralanmıştı. Ön pencerenin altına, aralarında masalar olan kırmızı sıralar yerleştirilmişti. Her masada birer cam şekerlik, kahve için sütlük olduğunu tahmin ettiğim gümüş rengi, küçük birer sürahi ve aynı renkte tuzluk ve biberlikler vardı.

Kapının yakınında eski bir kasa, kasanın yanında da ahşap bir palto askısı duruyordu. İçeride rahat bir hava vardı. Arkadaşlarınızla oturup uzun uzun sohbet edebileceğiniz türden bir yerdi burası. Ama ne yazık ki ben yanımda onlardan getirmemiştim.

Bir kadın garson uzaktaki masalardan birinde oturan bir çiftle sohbetine ara verdi, bana gülümsedi ve "Her yer müsait. İstediğin yere oturabilirsin," dedi.

Son dört saattir içimde biriken gerginliği yatıştırmaya ve gülümsemeye çalıştım. Sonra kapının yakınındaki bir masayı seçtim. Kırmızı suni deriyle kaplı koltuğa yerleşirken, koltuğun ne kadar yeni göründüğünü fark ettim. Etrafıma baktım ve aslında her şeyin çok yeni göründüğünü fark edince bir kez daha şaşırdım.

Buranın sahibi bölgede büyük bir nüfus patlaması falan bekliyor olmalı, diye düşündüm, *burada, hiçliğin ortasında yeni bir kafe açtığına göre.*

Ucuz emlak fiyatları ve toplu konut fırsatlarıyla ilgili derin düşüncelerim bir, "Selam," ile bölündü. Garson kadındı bu. "Adım Casey. Nasılsın?"

"Selam, Casey. Benim adım da John ve biraz kayboldum."

"Evet, John," dedi Casey muzip bir gülümsemeyle.

Bunu söyleyiş şekliyle John olduğumu mu, yoksa kaybolduğumu mu doğruladığından emin olamadım.

"Neden buradasın John?"

"Şey, bir yolculuğa çıkmıştım ve bazı sorunlarla karşılaştım. Sonra o sorunların etrafından dolaşmaya çalıştım ve iyice kayboldum. Bu süreçte neredeyse benzinim bitiyordu ve az kalsın açlıktan ölecektim." Şikâyet seansımın sonuna gelirken, Casey yine o muzip gülümsemesini takındı.

"Bak ne diyeceğim," dedi. "Açlıktan ölme sorununu halledebileceğimizden eminim. Geri kalanı için de düşünürüz bir şeyler."

Ön kapının yanındaki bir gözden bir menü alıp onu bana uzattı. Işık yüzünden miydi, yoksa çok uzun süre araba kullanmaktan yorgun düştüğüm için mi, bilmiyorum ama Casey menüyü bana uzatırken menünün kapağındaki harflerin silinip tekrar belirdiklerine yemin edebilirdim. Menüyü masaya koyarken, *gerçekten çok yorulmuş olmalıyım*, diye düşündüm.

Casey cebinden küçük bir sipariş defteri çıkardı. "Sen menüye bakarken sana içecek bir şey getirmeme ne dersin?" Limonlu su sipariş ettim, Casey onu getirmek için yanımdan ayrıldı.

Gün beklediğimden çok daha fazlasını getirmişti. Önce hiçliğin ortasında saatler süren bir yolculuk, sonra hiçliğin kıyısında bir kafe ve şimdi de muzip gülümsemeli bir garson. Menüyü masadan alıp ön kapağı okudum.

Sayfanın üst yarısında "Dünyanın Kıyısındaki Kafe'ye Hoş Geldiniz" yazıyordu. Altında ise küçük harflerle, "Siparişinizi vermeden önce lütfen servis personelimize buradaki zamanınızın ne anlama gelebileceğini danışın," ifadesi vardı.

Umarım iyi bir şeyler yiyebileceğim anlamına geliyordur, diye düşünerek ilk sayfayı açtım.

Menü alışılmış kafe yiyecekleriyle doluydu. Kahvaltı seçenekleri sol üst tarafta, sandviçler sol altta, aperitifler ile salatalar sağ üst tarafta, antreler de onların hemen altındaydı. Ama asıl sürprizle menünün arkasını çevirdiğim zaman karşılaştım.

Arka kapakta, "Beklerken Düşünülecek Şeyler" başlığı altında üç soru yer alıyordu:

Neden buradasın?

Ölümden korkuyor musun?

Halinden memnun musun?

Gazetelerin spor sayfalarına göz atmakla aynı şey olmadığı kesin, diye geçirdim içimden. Üç soruyu tekrar okumaya hazırlanırken Casey elinde suyumla geri geldi.

"Her şey yolunda mı?" diye sordu.

Menünün ön kapağını çevirip kafenin adını işaret ettim.

"Ne demek bu?"

"Ah, herkesin kendine ait bir yorumu var," diye karşılık verdi. "Aslına bakarsan burada çoğumuz kafeye kısaca 'Dünya Kafe' diyoruz. Şimdi, sana ne ikram edebilirim?"

Sipariş vermeye hazır değildim. İçimden ceketimi alıp kafeden çıkmak geliyordu ama sipariş vermeye hazır değildim işte. Burada farklı bir şeyler olduğu kesindi ve bunun iyi anlamda bir farklılık olduğuna ikna olamamıştım. "Özür dilerim Casey, biraz daha düşünmem gerek," dedim.

"Sorun değil," dedi. "Keyfine bak, birkaç dakika sonra geri dönerim. Ve John," dedi gülümseyerek, "endişelenme, burada emin ellerdesin."

5

Casey'nin kafenin diğer ucundaki masada oturan çiftin yanına gidişini seyrettim. Masaya ulaşınca üçü konuşmaya başladı. Konuştukları her neyse iyi bir şey olmalıydı çünkü üçü de gülümsüyordu ve arada kahkaha atıyorlardı.

Belki de burası o kadar da kötü değildir, diye düşündüm. *Belki de onlar ne yiyorsa ben de ondan sipariş etmeliyim.*

Dikkatimi yeniden menüye verdim. *Başka seçeneğim yok zaten,* diye düşündüm. *Benzinim bitmek üzere, yaklaşık üç yüz kilometrelik bir alanda başka yiyecek yok gibi görünüyor ve burası biraz tuhaf gelse de henüz olağan dışı hiçbir şey olmadı.*

Bu düşünceler kaygılarımı biraz yatıştırdı. Casey girdiği mutfaktan elinde iki dilim çilekli raventli turtayla çıkıp masamın yanından geçerken kaygılarım daha da azaldı. Çilekli raventli turtaya bayılırdım ve bundan yıllardır yememiştim. Burada o tatlıdan yapıyor olmaları kafede bir süre kalmam için bir işaret olabilirdi.

Tuhaf sorular dışında menüdeki yiyecekler iyi gibi görünüyordu. Standart kahvaltı saati biteli çok olmasına rağmen kahvaltı tabağında karar kıldım. Casey çiftle konuşmaya devam ediyordu, kararımı verdiğim için menünün arkasını çevirdim.

Neden buradasın?

Bir restoranda müşterilere bu sorunun sorulması tuhaftı. İnsanların restoranınıza neden geldiklerini biliyor olmanız gerekmez miydi? Restoranda yemek yiyen insanların da neden orada olduklarını bilmeleri gerekmez miydi? Bu soruyu anladığımdan emin değildim.

Neden buradasın?

Casey'nin masama geri gelmesi beni düşüncelerimden sıyırdı.

"Hazır mısın?" diye sordu.

Tam evet diyecekken, menünün ön yüzündeki, sipariş vermeden önce servis personeline danışılması tavsiyesini hatırladım. "Sanırım," dedim cümleyi işaret ederek. "Sana tam olarak neyi sormalıyım?"

"Ah, şu mesele," dedi Casey yine gülümseyerek.

Gülümsemesi gerçekten hoşuma gitmeye başlamıştı.

"Yıllar içinde, insanların burada biraz zaman geçirdikten sonra farklı hissetmeye başladıklarını gördük." dedi. "Bu nedenle şimdi insanları 'Neden buradasın?' tecrübesine davet etmeye çalışıyoruz. Altından kalkabileceklerini düşündükleri şeye tam olarak hazır olmamaları ihtimaline karşı, onlarla ne beklemeleri gerektiği konusunda bir şeyler paylaşıyoruz."

Bu noktada kafam iyice karışmıştı. Yemekten mi bahsediyordu, kafenin kendisinden mi, yoksa bambaşka bir şeyden mi?

"Arzu edersen," dedi, "siparişini aşçıyla paylaşıp neyin en iyi olacağı konusunda onun görüşünü alabilirim."

"Elbette," dedim kafam giderek daha da karışırken. "Sanırım öyle yapabiliriz. Kahvaltı tabağı istiyorum. Kahvaltı saati olmadığını biliyorum ama hâlâ sipariş edilebiliyor, değil mi?"

"İstediğin bu mu?" diye sordu Casey.

"Evet, bu."

"O zaman sorun olmayacağından eminim. Sonuçta yarının kahvaltısına bugünün öğle yemeğinden daha yakın bir saatteyiz."

Saatime baktım. 22.30 olmuştu. "İlginç bir bakış açısı," dedim.

Casey gülümsedi. "Bazen olaylara farklı bir bakış açısından bakmak çok işe yarayabilir."

Siparişimi not etti ve masamdan ayrıldı. Mutfağa doğru yürümesini seyrederken menüyü masada bıraktığını fark ettim.

6 Casey siparişlerin teslim edildiği pencereye yaklaşırken mutfaktaki adamı ilk kez gördüm. Bir elinde ahşap bir servis kaşığı vardı ve yemeklerin pişirilmesinden sorumlu olduğu her halinden belliydi. Casey pencereye gidince ona bir şeyler söyledi. Bunun üzerine adam bana baktı ve kendisine bakmakta olduğumu gördü. Sonra bana gülümseyerek el salladı.

Ben de kendimi biraz tuhaf hissederek ona el salladım. Kafelerde aşçılara el sallamak gibi bir alışkanlığım yoktu. Casey ve adam birkaç dakika konuştular, sonra Casey siparişimi yazdığı kâğıdı bir kâğıt askısına tutturup masama geri döndü. Adam askıyı kendine çevirdi, siparişime şöyle bir baktıktan sonra kâğıdı alıp mutfağa götürdü.

Ben de dikkatimi yeniden menüye verdim. İlk soruyu –"Neden buradasın?"– tekrar okurken, Casey masama geldi ve tam karşıma oturdu.

"O Mike'tı," dedi. "Buranın sahibidir ve yemekleri o pişirir. Fırsat bulunca çıkıp seninle tanışacağını söyledi. Ona siparişini sordum, büyük olacağını ama senin altından kalkabileceğini düşündüğünü söyledi."

"İlginç bir servis şekli."

Gülümsedi. "Biz de öyle düşünüyoruz. Şuna dönersek," dedi menünün ön tarafındaki, servis personeline danışma uyarısını işaret ederek, "menünün arka tarafında yer alan, tekrar tekrar okuduğun soruyla bağlantılı bu."

Soruyu tekrar tekrar okuduğumu nereden bildiğini anlamamıştım ama bir şey demedim.

"Görüyorsun," dedi. "Soruya bakmak başka bir şeydir, soruyu değiştirmek başka."

"Nasıl yani?"

"Kulağa basit geliyor, hiçbir etki yaratmayacakmış gibi," dedi Casey. "Ama o sorunun sadece birkaç harfini değiştirmek bile çok şeyi değiştirir."

Kafam karışmış bir halde ona baktım. "Çok şeyi değiştirir mi? Ne tür şeyleri? Burada yemek yiyemeyeceğim ya da başka bir şey sipariş etmek zorunda kalacağım gibi şeyler mi?"

"Hayır," dedi Casey birden ciddileşerek. "Daha büyük değişiklikler."

Bu sözlerle nereye varmaya çalıştığını kesinlikle anlayamamış olsam da Casey'nin şaka yapmadığı anlaşılıyordu. "Seni anladığımdan emin değilim," dedim.

Casey tekrar menüyü işaret etti. "Soruyu bir başkasına sorduğun bir şey olmaktan çıkarıp kendine sorduğun bir şeye dönüştürürsen artık aynı insan olmazsın."

Şaşırmıştım. Aynı insan olmaz mıydım? Ne demekti bu? Birden derin bir uçurumun kenarındaymışım gibi hissettim. Bana ileriye doğru bir adım atmanın hızlı bir ölüm getireceğini mi anlatıyordu, yoksa sonsuz mutluluk mu, emin olamamıştım.

"Onun gibi bir şey," dedi Casey ve gülümsedi. "Ama o kadar çarpıcı değil."

Ben ona ne düşündüğümü nereden bildiğini soramadan devam etti: "O adımı atmana gerek kalmadan ben açıklayayım. Menüdeki ilk soruyu oku ama yanından geçtiğin bir tabelaya baktığın gibi, mesafeli ve kopuk bir şekilde."

Menüye hızlı bir bakış attım. Sorunun artık "Neden buradasın?" olmadığını görünce şaşırdım.

Bu kez, *neden buradayım*, diye okumuştum onu.

Ben soruyu okumayı tamamlar tamamlamaz soru yeniden, "Neden buradasın?"a dönüştü.

"Ne oldu öyle?" dedim heyecanla. "Menü değişti mi yani? Bunu nasıl yaptın?"

"John, bunun cevabına hazır olduğundan emin değilim."

"Ne demek istiyorsun? Bunu nasıl yaptın? Menüyü nasıl değiştirdin?" Artık neler olduğu konusunda kafam iyice karışmıştı ve burada biraz daha kalıp meseleyi anlamak istediğimden o kadar da emin değildim. Ama Casey bir soruyla dikkatimi çekti.

"John, menüdeki yazının neye dönüştüğünü gördün mü?"

"Elbette, onu ilk okuduğumda başka bir şeydi, sonra şu anki haline dönüştü. Neden? Bu nasıl oldu?"

Casey menünün ön tarafını çevirdi ve "Sipariş vermeden önce..." diye başlayan ifadenin bulunduğu alt kısmı işaret etti. "Şöyle ki John," diye söze başladı. "Gördüğün soru, hani şu farklı olan..."

"'Neden buradayım?' mı?" diyerek sözünü kestim.

"Evet, o. Hafife alınacak bir soru değildir. Ona bakmak başka bir şeydir. Ama o soruya bakmanın ötesine geçip onu gerçekten gördüğün ve kendine gerçekten sorduğun zaman dünyan değişir. Bunun kulağa abartılı geldiğini biliyorum. Ön tarafa o mesajı koymamızın nedeni de bu zaten."

7

Durumumun saçmalığı beni sarsmıştı. Gecenin bir vakti, hiçliğin ortasında bir kafedeydim ve müşterilerin *dünyalarının değişmesiyle* baş etmelerine yardım etmek için menünün ön kapağına konmuş mesajlarla ilgili bir şeyler dinliyordum.

Sıradan bir tatil başlangıcı sayılmazdı. Ama bunun, bu akşam beni bekleyen diğer şeylerin yanında sadece bir başlangıç olduğundan henüz haberim yoktu.

Casey bana baktı. "Anladın mı John? Gördüğün soruyu gerçekten sorunca, cevap aramak, benliğinin bir parçasına dönüşür. Kendini sabahları o soruyla uyanırken bulursun ve o soru gün boyunca kafanın içinde yanıp söner. Hatırlamasan da uyurken de onu düşünürsün. Bu bir bakıma bir geçide benzetilebilir. Geçidi açtığın zaman o seni kendine çağırır. Ve geçidi bir kez açtın mı kapatması çok güçtür."

Menüdeki "Neden buradasın?" sorusunun, onu ilk gördüğümde düşündüğümden çok daha derin bir anlamının olduğunu idrak etmeye başlıyordum. Casey'nin konuşma şeklinden, sadece bir insanın neden kafede olduğunu sormadığı anlaşılıyordu.

"Bu doğru," dedi Casey düşüncelerimin arasına girerek. "Kafeyle ilgili değil. Aslında bir insanın neden *var olduğunu* soruyor."

Arkama yaslandım ve şaşkın gözlerle etrafıma baktım. *Burası nasıl bir yer,* diye düşündüm.

Düşüncelerimi toplamaya çalışarak, "Dinle Casey," dedim. "Ben buraya sadece bir şeyler yemeye gelmiştim. Söylediğin her şey bana biraz ürkütücü geliyor. Demek istediğim, geçitler ve insanın aklından gün boyunca geçen şeylerle ilgili söylediklerin doğruysa, insanlar neden kendilerine bu soruyu sorsunlar ki? Ben bunu hiç sormadım ve gayet iyiyim."

Casey menüyü masaya bıraktı ve "Öyle mi?" diye sordu. "Gerçekten *iyi* misin?" "İyi" kısmını, beni nasıl olduğumu anlatmam için kışkırtırcasına, dostça bir alaycılıkla vurgulamıştı. "Pek çok insan *iyidir* ama kimileri iyinin de ötesinde bir tatmin, daha büyük bir şey arar."

"Ve bu yüzden Dünyanın Kıyısındaki Kafe'ye gelirler, öyle mi?" dedim ben de alaycı bir tavırla.

"Bazıları, evet," dedi Casey yumuşak ve sakin bir sesle. "Sen bu yüzden mi buradasın?"

Şaşırmıştım. Sorusuna nasıl cevap vereceğimi bilemedim. Burada ne aradığımdan emin değildim. Buranın nasıl bir yer olduğunu anladığımdan da.

Kendime karşı tamamen dürüst olmam gerekirse, hayatta benim bildiğimden daha fazlası olabilir mi, diye yıllardır sorguluyordum. Hayat kötü olduğundan değildi bu. Elbette zaman zaman bunaltıcı oluyordu, özellikle son zamanlarda daha bunaltıcıydı ama düzgün bir işim ve iyi arkadaşlarım vardı. Hayat *fena değildi*, hatta iyiydi. Yine de zihnimin arka planında, tam olarak izah edemediğim bir his vardı.

"İnsanlara o gördüğün soruyu sormaları için ilham veren de o histir işte," dedi Casey.

Şoke olmuştum. Tek başına da hayli tedirgin edici olsa da sadece yine düşüncelerimi okumuş gibi konuştuğu için şoke olmuş değildim, söylediği şeyin doğru olabileceğini fark etmek de beni şoke etmişti. Uzun ve yavaş bir nefes aldım. Bir kez daha o uçurumun kenarında olduğumu hissettim. İleriye doğru yarım bir adım attım.

"Casey, bana bu sorudan biraz daha bahsedebilir misin?"

Başını salladı. "Daha önce de söylediğim gibi, bu soruyu sormak bir tür kapıyı aralar. Kişinin zihni, ruhu ya da sen onun her ne olduğunu düşünüyorsan o, cevabı aramak isteyecektir. Cevabı bulana kadar bu soru kişinin varlığının ön planında kalacaktır."

"Yani bana, insanın kendine, 'Neden buradayım?" sorusunu sormadan onu yok sayamayacağını mı söylüyorsun?" dedim.

"Hayır, yok sayamayacakları için değil. Bazıları soruya bakar ve hatta belki onu görür, sonra da unuturlar. Ama soruyu soran ve bir düzeyde cevabını gerçekten bilmek isteyenler için onu yok saymak fazlasıyla zorlaşır."

"Diyelim ki biri soruyu sordu ve cevabı buldu," dedim. "Sonra ne olacak?"

"Pekâlâ, bu hem iyi haber hem de zorlayıcı haber," dedi Casey gülümseyerek.

"Daha önce de dediğim gibi, soruyu sormak cevabı bulma isteğini de doğuruyor.

"Kişi cevabı bulunca bir o kadar büyük bir güç açığa çıkıyor. Yani neden burada olduğunu, neden var olduğunu, yaşama nedenini bilince kişi o nedeni gerçekleştirmek istiyor. Bir hazine haritasında X'in yerini bulmak gibi bu. X'i görünce hazineyi yok saymak zorlaşır. Hazinenin peşine düşmemek de zorlaşır. Bu örnekte, kişi neden burada olduğunu bilirse, kişinin o nedeni gerçekleştirmeden durması duygusal ve hatta fiziksel açıdan zorlaşacaktır."

Casey'nin söylediklerini anlamaya çalışarak koltuğumda arkama yaslandım. "Yani durumu kötüleştirebilir," dedim. "Daha önce de dediğim gibi, insan o soruyu hiç sormasa daha iyi olabilir. Yoluna eskisi gibi devam edebilir ve bir nevi cini şişenin içinde tutabilir."

Casey bana baktı. "Bazı insanlar bunu seçer. Bu, her insanın o noktaya vardığı zaman kendisinin karar vermesi gereken bir şeydir."

Ne yapacağımı ya da ne diyeceğimi bilemedim. Kaybolmuşken sonunda ışığı gördüğümde ne kadar heyecanlandığımı hatırlayarak gergin bir tavırla güldüm. Artık ne düşüneceğimi bilmiyordum.

"Bu, yüzleşmesi zor bir şey," dedim.

"Umarım 'yüzleşmesi' değil, 'maruz kalması' olur," dedi Casey. "Az önce tarif ettiğin o hissi hatırlıyor musun? Bu sana söylenebilecek ya da zorla yaptırılabilecek bir şey değil, istediğin anda arkanı dönüp gitmeye karar verirsen o karar sadece ve sadece sana ait olacaktır."

Bunu söyledikten sonra Casey masadan kalktı. "Gitmek demişken, ben de gidip kahvaltı tabağının ne durumda olduğuna bir bakayım."

Sipariş aklımdan tamamen çıkmıştı. Casey siparişimi hatırlatınca hâlâ bir kafede olduğum ve karnımın zil çaldığı gerçeğine geri döndüm.

8 Zihnim hızla çalışıyordu. Menüye baktım ve ilk soruyu tekrar okudum.

Neden buradasın?

Onu ilk kez okuduğum zamana göre bambaşka bir anlam taşır hale gelmişti. Casey'nin az önce kullandığı kelimeleri hatırlamaya çalıştım: *Bir insanın neden* var olduğunu *soruyor.*

İzah edemeyeceğim bir düzeyde, bir şey beni Casey'le konuşurken kısa bir an için gördüğüm o soruyu sormaya çekiyormuş gibi hissettim. Sonra onun ne olduğunu hatırladım.

Neden buradayım?

Ayrıca Casey'nin, bu sorunun gerçekten sorulmasıyla ortaya çıkan yankılar hakkındaki yorumlarını da hatırlamıştım.

"Bu delilik," dedim kendi kendime, gözlerimi ovuşturarak. "Ve tek ihtiyacım biraz yiyecek, biraz benzin ve birkaç saat dinlenebileceğim bir yer. Bütün bunları düşünmek de nereden çıktı şimdi?"

Suyumun yarısını içtim ve ben bardağı masaya bırakırken Mike'ın elinde bir sürahiyle masanın yanında durduğunu fark ettim.

"Suyunu tazeleyebilir miyim?" diye sordu. "Biraz daha içecekmiş gibi bir halin var."

Teklifini kabul ettim, şeffaf bardağımı doldurdu.

"Adım Mike," dedi.

Ayağa kalktım, tokalaştık. "Seninle tanıştığıma memnun oldum Mike. Ben John."

"İyi misin John? Yanına geldiğimde derin düşüncelere dalmış gibiydin."

"Öyle de denebilir," dedim ve tekrar yerime oturdum. "Casey bana menünün ön yüzündeki sorunun ne anlama geldiğini açıklıyordu. Hâlâ onu kafamda bir yere oturtmaya ve benim için bir anlamının olup olmadığını anlamaya çalışıyorum."

Fakat sözlerimi bitirirken Mike'ın, Casey'yle neden bahsettiğimiz konusunda hiçbir fikrinin olmayabileceğini fark ettim. Kafenin sahibi Mike olsa da, belki de menüdeki soruları ve ön yüzdeki metni yaratan Casey'ydi. Ancak Mike bir an bile tereddüt etmedi.

"Evet, zor bir sorudur. İnsanlar o soruyla farklı zamanlarda karşı karşıya gelirler. Kimisi cevabı çocukken, kimisi yaşı ilerleyince bulur, kimisi de hiçbir zaman bulamaz. Tuhaftır yani."

Mike, Casey'yle ettiğimiz sohbetle beraber yürümeye başladığımız yolu anlamış gibi göründüğü için, ona aklımdaki soruyu sormaya karar verdim.

"Mike, Casey bana kişi kendine bu sorunun kişisel versiyonunu sorduğunda bazı sonuçların doğduğundan bahsetti," dedim menüyü işaret ederek. "Ama ben sonrasında ne yaptıklarını merak ediyorum."

Mike menüye baktı. "Soruyu sorduktan sonra mı, cevabı bulduktan sonra mı?"

Bu soruyu düşünmek için birkaç saniye duraksadım. "Sanırım ikisi de. Kişinin cevabı nasıl bulacağı ya da cevabı bulunca ne yapacağı konusunda detaya girmedik. Bana sadece cevabı öğrenmelerinin nasıl bir şey olduğu konusunda birkaç şey söyledi."

"Pekâlâ, cevabın nasıl bulunacağı konusunda herkese uyan tek bir yöntem olduğunu sanmıyorum. Hepimiz hayata kendi tarzımızla yaklaşırız. Sana tanıdığım, cevaplarını bulmuş bazı insanların tekniklerinden bahsedebilirim."

Mike'a cevap verecekken bir anda kendime geldim ve duraksadım. İçimden bir ses bana, sorunun cevabının nasıl bulunacağı konusunda fikir edinmenin, soruyu sormamayı daha da zorlaştırabileceğini söylüyordu.

"Bu doğru," dedi Mike. "Casey'nin sana muhtemelen açıklamış olduğu teori."

Mike'ın da ne düşündüğümü ben söylemeden anlıyor olması beni bu kez daha az şaşırtmıştı.

Ama ben diğer insanların ne yaptıklarını bilmek istediğimden emin değildim. Sonuçta henüz soruyu kendime sormak istediğimden bile emin değildim.

"Mike, peki ya da diğer kısım? İnsan o sorunun cevabını bulunca ne yapar?"

Mike gülümsedi. "Bak sana ne diyeceğim. Bu sorunun cevabını sana siparişinin ne durumda olduğunu kontrol ettikten sonra versem olur mu?"

Birkaç dakika sonra üzeri tabaklarla dolu bir tepsiyle geri geldi. "Hepsi benim mi?" diye sorarken, menüde siparişimin içeriğinin anlatıldığı iki paragrafı nasıl atladığımı merak ettim.

"Kesinlikle. Omlet, kızarmış ekmek, jambon, taze meyveler, patates ezmesi, çörek ve krep."

Bana katılmak isteyebilecek üç kişi daha bulabilir miyim diye etrafıma baktım.

"Buna ek olarak, kızarmış ekmek için reçel, krepler için şurup, çörek için bal ve omlet için özel domates sosumuz var. Aç olduğun için mutluyum."

"Kimsenin bu kadar aç olduğunu sanmam," dedim.

"Bilsen şaşardın John. Bazen insan tatmin edici bir şeye ne kadar hazır olduğunu bilemez."

Mike yiyecekleri masaya bıraktı. "John, kafenin diğer tarafındaki çiftle biraz konuşmam gerek ama geri döneceğim, senin için de uygunsa sohbetimize o zaman devam edebiliriz."

"Elbette," dedim önümdeki tabaklara bakarak. "Hiç sorun değil."

9 Bir masa dolusu yiyeceğimle boğuşmaya başladım. Omlet, kızarmış ekmekler ve meyve konusunda ilerleme kaydettiğim sırada Casey yanıma geldi.

"Nasıl gidiyor John?"

Ağzıma yeni tıktığım lokmayı çiğneyip yuttuktan sonra, "İyi, gayet iyi," dedim. "Yiyecekler harika."

"Keyfin yerine gelmişe benziyor."

Keyfim gerçekten yerine gelmişti. Kafeye girdiğim sırada hissettiğim hüsran ve sıkıntı neredeyse tamamen kaybolmuştu. "Neden buradasın?" sorusuna ve ardından gelen konuşmalara öylesine odaklanmıştım ki diğer her şey ikinci planda kalmıştı. Enfes bir omletin buna katkısını da yok sayamazdım.

Casey, "Yemeğini tek başına yemeyi mi tercih edersin, yoksa sohbet etmeyi mi?" diye sordu.

"Kesinlikle sohbet etmeyi. Aslına bakarsan daha önce başladığımız konuşmaya devam etmek isterim. Bana söylediklerini düşünüyordum ve bazı konularda aklım hâlâ biraz karışık."

"Neleri netleştirmemi istersin?" diye sordu Casey.

"Şey, menüdeki şu soru. Kişi kendine neden burada olduğunu sorduğu ve cevabı bir şekilde bulduğu zaman o bilgiyle ne yapar?"

Casey birkaç saniye duraksadı. "Öncelikle, o bilgiyle istediği her şeyi yapabilir. Kişi onu ortaya çıkardığı andan itibaren bilgi ona aittir. Ne yapacağı konusunda nihai ve tek söz sahibi, kişinin kendisidir."

Casey'nin bu yorumlarını biraz düşündüm. "Sanırım kişi burada olma nedenini bulduğu zaman, o nedeni gerçekleştirmenin en iyi yolunu da bulmak ister. Ama asıl soru, bunu nasıl yapacağı." Casey'ye baktım ve bir şeyler bildiği ama bunu kendi başıma çözmemi beklediği hissine kapıldım.

"Bu, kişiden kişiye değişen bir şeydir," dedi.

Ona baktım. "Bir ipucu vermeye ne dersin?"

"Belki de bir örnek faydalı olur," diye karşılık verdi. "Diyelim ki boş zamanlarında sanatsal çalışmalar yapmak istiyorsun. Ne tür bir sanat eseri yaratırdın?"

Bir an düşündüm. "Bilmem. Sanırım bu ne tür bir sanatçı olmak isteyeceğime bağlı olurdu. Sanırım canım ne istiyorsa onu yaratırdım." Durup Casey'nin bir yorum yapmasını bekledim ama yapmadı, bu nedenle cevabımı daha detaylı düşündüm.

"Bu kadar basit mi?" diye sordum. "İnsan neden burada olduğunu bilince, o nedeni gerçekleştirmek için istediği her şeyi yapar."

Bu sözcükleri söylerken vücudumdan büyük bir heyecan dalgasının geçtiğini hissettim. Benzersiz ve önemli bir şey bulmuşum da vücudum da onu onaylıyormuş gibi. Kulağa o kadar basit geliyordu ki doğru olmak için fazla basitti sanki. *Burada olma nedenini gerçekleştirdiği sürece istediğin her şeyi yap.*

Bu kavrama ısınarak heyecanla, "Yani burada olma nedenim insanlara yardım etmekse, insanlara yardım etme tanımına uyan, istediğim her şeyi yapmalıyım," dedim.

"Bu doğru," dedi Casey. "Senin için insanlara yardım etmenin anlamı tıp mesleğine girmekse bunu yapmalısın. Yoksul bir bölgede barınaklar inşa etmek demekse o zaman öyle yap. Belki de senin yardım etme yöntemin, muhasebeci olup insanlara vergileri konusunda yol göstermektir. O zaman o işi yapmalısın."

Zihnim âdeta fırıl fırıl dönüyordu. Daha önce meseleleri hiç bu bağlamda düşünmemiştim. Hayatımın büyük bir kısmını aile üyelerinin tavsiyeleri, kültürel baskılar ve insanların fikirleri gibi başka nedenlere tepki niteliğinde kararlar alarak geçirmiştim. Ama bu farklı bir şeydi. "Ya ben burada bir milyoner olmanın nasıl bir şey olduğunu tecrübe etmek için bulunuyorsam?"

"O zaman 'milyoner olma' tanımına ne uyuyorsa onu yapmalısın," dedi Casey. "Bu, milyonerlerle etkileşim halinde olmak anlamına geliyorsa ol. Bir milyon doların olana kadar çalışmak anlamına geliyorsa çalış. Diğer örneklerde olduğu gibi, seçim her zaman senin."

"Milyoner olmak... Bu fikir hoşuma gitti," dedim gittikçe heyecanlanarak. "Birkaç tane yeni araba alabilirdim, belki birkaç tane de ev."

Casey sesini iyice alçalttı.

"Burada olma sebebin bu mu?"

Sorusu beynimin hızla dönen çarklarını durdurdu.

"Bilmiyorum."

"Mike'la kullandığımız küçük bir kısaltma var," dedi Casey. "Menüde kısa bir an için gördüğün soruyla bağlantılı."

Önümde duran menüye bakıp ilk soruyu okudum.

Neden buradasın?

"Kişi burada olma nedenini öğrendiği zaman 'Varoluş Amacı'nı da saptamış demektir. Biz buna kısaca VA diyoruz. İnsan ömrü boyunca VA'sını gerçekleştirmek için yapmak istediği on, yirmi ya da yüz şey bulabilir. Hepsini yapabilir. En hoşnut müşterilerimiz, VA'sını bilen ve onu karşılayacağına inandıkları tüm eylemleri deneyenlerdir."

"Ya en hoşnutsuz müşteriler?" diye sordum.

"Onlar da birçok şey yaparlar," dedi Casey.

O duraksayınca ben aklıma ilk gelen şeyi söyledim. "VA'larının bir parçası olmayan şeyleri yaparlar." Casey gülümseyince bunun kendi başıma varmam gereken sonuçlardan biri olduğunu anladım.

"Casey, bu soruyu kendime sorsaydım ve zamanla VA'mı çözseydim onu gerçekleştirmeme neyin yardımcı olacağını nasıl öğrenirdim? Yani insanlar, seyahat etmek, aktiviteler, tecrübeler ya da akla gelen her şey olabilir. Bu biraz ürkütücü görünüyor."

Casey soruma soruyla karşılık verdi. Bana sık sık soruyla cevap verdiğini fark etmeye başlamıştım. "John, diyelim ki VA'na ulaşmaya karar verdin. Ne yapardın?"

Bir an düşündüm. "Sanırım arabalar hakkında bir sürü kitap okurdum. Belki arabaların üretildiği bir yeri ziyaret eder ya da araba üretmiş insanlarla iletişime geçip onlardan tavsiye alırdım. Arabaların montaj süreçlerinde yer alabileceğim bir iş bulmayı deneyebilirdim."

"Tek bir yerde kalır mıydın?"

Duraksadım ve bir kez daha düşündüm. "Hayır, sanırım araba yapımını öğrenmek isteseydim tek bir yöntemle yetinmemek için dünyada bu işin yapıldığı farklı yerleri ziyaret ederdim. Sanırım kendi soruma cevaben, insan Varoluş Amacı'nı karşılayabilecek şeyler hakkındaki bilgiyi, onunla bağlantılı birçok şeyi keşfederek ve kendini onlara maruz bırakarak öğrenir, diyebilirim."

"Anlamışsın," dedi Casey. "Hepimiz mevcut tecrübelerimiz ve bilgilerimizle sınırlıyız. Burada önemli olan, 'mevcut' ifadesidir. Hepimizin bilgiye, insanlara, kültürlere ve dünyanın dört bir yanından tecrübelere maruz kalma şansı, tarihte hiç olmadığı kadar fazla.

"Günümüzde VA'mıza neyin hizmet edeceğini bulmaya çalışırken, ulaşılabilirlik bizi daha az sınırlıyor ama kendimize dayattığımız kısıtlamalar daha büyük rol oynuyor."

"Haklısın," dedim. "Ve ben yine de bu ulaşılabilirlikten çok fazla faydalandığımı söyleyemem. Zamanımı nasıl geçirdiğimi düşününce, her gün üç aşağı beş yukarı aynı şeyleri yapıyorum."

"Neden böyle?" diye sordu Casey.

Menüye baktım.

Neden buradasın?

"Belki de bu sorunun cevabını bilmediğim içindir," dedim menüyü işaret ederek. "Tam olarak neden burada olduğumu ve ne yapmak istediğimi bilmeden, sadece çoğu insanın yaptığını yapıyorum."

"Peki, tecrübelerinden yola çıkacak olursan, 'çoğu insan'ın yaptıklarını yapmanın, Varoluş Amacı'na bir faydasının olduğunu söyleyebilir misin?"

10 Casey'nin sorusu zihnimin vızır vızır işlemesine neden olmuştu. Çoğu insanın yaptığını yapmak Varoluş Amacı'mı gerçekleştirmeme yardımcı oluyor muydu? Ben buna bir cevap veremeden Casey tekrar konuştu.

"Sen hiç deniz kaplumbağası gördün mü John?"

"Deniz kaplumbağası mı?"

"Evet," dedi Casey, "deniz kaplumbağası. Özellikle yüzgeçlerinde ve kafasında yeşil lekeler olan, büyük, yeşil bir deniz kaplumbağası."

"Sanırım bir keresinde fotoğraflarını görmüştüm," dedim. "Neden?"

"Kulağa çok tuhaf gelse de," dedi Casey, "ben her gün yapılması gerekenler konusunda en önemli hayat derslerimden birini büyük, yeşil bir deniz kaplumbağasından öğrendim."

"Sana ne anlattı?" derken gülümsememi bastırmak konusunda pek başarılı olduğum söylenemezdi.

"Komik," dedi ve o da bana gülümsedi. "Bana bir şey 'anlattığı' söylenemez ama yine de birçok şey öğretti. Hawaii açıklarında dalış yapıyordum. Mor benekli bir yılan balığı ve bir ahtapot gördüğüm için güzel bir gün olmuştu. İkisi de benim için yeniydi. Ayrıca fosforlu maviden kırmızının en koyu tonlarına kadar, aklına gelebilecek her rengi temsil eden binlerce ama binlerce balık vardı.

"Kumsaldan yaklaşık otuz metre açıkta, büyük kayaların arasında dalış yaparken sağa döndüm ve büyük, yeşil bir deniz kaplumbağasının yanımda yüzdüğünü gördüm. Vahşi doğada ilk kez bir deniz kaplumbağası gördüğüm için müthiş mutlu oldum. Yüzeye çıktım, şnorkelimi temizledim ve kaplumbağayı izleyebilmek için suyun üstünde süzülmeye başladım.

"Tekrar aşağıya baktığımda tam altımdaydı ve kıyıdan uzaklaşıyordu. Yüzeyde kalıp onu bir süre izlemeye karar verdim. İşin şaşırtıcı yanı, bazen yüzgeçlerini oynatarak, bazen de sadece suda süzülerek çok yavaş hareket ediyormuş gibi görünmesine rağmen ben bir türlü ona yetişemiyordum. Ayaklarımdaki paletler bana suda itici güç sağlıyordu ve üzerimde can yeleği gibi hızımı kesecek bir şey de yoktu ama yine de ona yetişmek için ne kadar çabalarsam çabalayayım, o benden hızla uzaklaşıyordu.

"On dakika kadar sonra gözden kayboldu. Yorgun, hayal kırıklığına uğramış ve bir kaplumbağaya ayak uyduramadığım için biraz mahcup bir halde yönümü kumsala çevirdim ve şnorkelle kıyıya kadar yüzdüm.

"Ertesi gün yine bir kaplumbağa görme umuduyla aynı yere geri döndüm. Tahmin edebileceğin gibi, suya girdikten yarım saat kadar sonra sarılı siyahlı bir balık sürüsüne bakmak için başımı çevirdiğimde başka bir yeşil deniz kaplumbağası gördüm. Mercan kayalıklarının etrafında dolaşırken onu bir süre izledim. Sonra kaplumbağa kıyıdan uzaklaşırken onu takip etmeyi denedim. Ve ona yetişemediğimi görüp bir kez daha şaşırdım. Onun önden gittiğini fark edince ayaklarımı çırpmayı bırakıp suda öylece durdum ve onu izledim. Bana o önemli hayat dersini o anda verdi."

Casey sustu.

"Casey, hikâyeni burada bitiremezsin. Sana ne öğretti?"

Casey gülümsedi. "Yeşil deniz kaplumbağalarının sana bir şey anlatabileceğine inanmadığını sanıyordum."

Gülümsedim. "Anlatma kısmı konusunda hâlâ biraz şüpheliyim ama hikâyenin gidişatından, öğretme olasılıklarına inanmaya başlıyorum. Sonra ne oldu?"

"Pekâlâ, suda hareketsiz durduğum sırada, kaplumbağanın hareketlerini suyun hareketlerine bağladığını fark ettim. Kıyıya ve yüzüne doğru bir dalga gelince kaplumbağa öylece duruyor ve yüzgeçlerini sadece konumunu koruyacak kadar oynatıyordu. Ancak dalga yeniden okyanusa doğru çekilince kaplumbağa suyun hareketini kendi lehine çevirmek için yüzgeçlerini daha hızlı oynatıyordu.

"Yani dalgalarla mücadele etmek yerine onları kullanıyordu. Ben ona yetişememiştim çünkü su hangi yöne akarsa aksın bacaklarımı sürekli hareket ettiriyordum. Başlangıçta sorun olmuyordu, kaplumbağanın yakınında kalabiliyordum. Hatta bazen yavaşlamam bile gerekiyordu. Ama gelen dalgalarla ne kadar mücadele edersem o kadar yoruluyordum. Bu yüzden de dalga geri çekilirken bundan faydalanmaya gücüm kalmıyordu.

"Dalgalar peş peşe gelip geri çekildikçe ben de gittikçe daha fazla yoruluyor ve daha az verimli oluyordum. Oysa kaplumbağa suyun hareketleri ile kendi hareketlerini optimize etmeye devam ediyordu. Bu yüzden benden daha hızlı yüzebiliyordu."

"Casey," dedim. "Sanırım artık iyi bir kaplumbağa hikâyesinin değerini bilebilirim."

Casey gülümseyerek sözlerimi düzeltti: "Yeşil deniz kaplumbağası hikâyesi."

"Doğru, yeşil deniz kaplumbağası hikâyesi. Sanırım iyi bir yeşil deniz kaplumbağası hikâyesini ben de herkes kadar beğenebilirim. Hatta belki de okyanusa âşık olduğum için herkesten daha fazla beğenebilirim. Ancak bu hikâyenin insanların günlerini dolduran şeyleri seçme biçimleriyle nasıl bir ilgisinin olduğunu anladığımdan emin değilim."

"Oysa senden çok umutluydum," dedi Casey tekrar gülümseyerek.

"Pekâlâ, pekâlâ," dedim. "Bana bir dakika ver." Yeşil deniz kaplumbağası hikâyesinden önce konuştuklarımızı baştan sona düşündüm. Sonra tekrar konuşmaya başladım: "İnsanın burada olma nedenini öğrendiği zaman VA'sını anladığını ve vaktini ona uygun şeyler yaparak geçirebildiğini söyledin. Ayrıca VA'sını bilmeyen insanların da zamanlarını birçok şey yaparak geçirdiklerinden bahsettin. Ben bundan, zamanlarını VA'larına faydası *olmayan* şeylerle geçirdikleri sonucunu çıkardım."

"Şu ana kadar doğru bir düşünme şekli ve köşeyi dönünce büyük bir içgörüyle karşılaşacağımı hissedebiliyorum," dedi Casey.

"Evet, hissedebilirsin," diye karşılık verdim ve bu eğlenceli iğneleyiciliği karşısında gülümsedim. "Sanırım kaplumbağa –yeşil deniz kaplumbağası– sana yapmak istediklerinle uyum içinde değilsen enerjini pek çok şeyde ziyan edebileceğini öğretmiş. Sonra istediğin şeyi yapma fırsatı doğduğunda da o fırsata ayıracak gücünün ya da zamanının kalmayabileceğini."

"Çok iyi," dedi Casey. "Ve sadece 'kaplumbağa' demek yerine 'yeşil deniz kaplumbağası' demeyi benimsemeni de takdir ettim." Ciddileşti. "Benim için gerçekten önemli bir andı, kesinlikle hayatımın 'işte bu' anlarından biriydi.

"Her gün seni zamanını ve enerjini kendileri için harcamaya ikna etmeye çalışan birçok insan oluyor. Posta kutunu bir düşün. Sana bildirilen her faaliyete, satışa ve hizmet teklifine tamam diyecek olsaydın hiç boş zamanın kalmazdı. Ve bu daha sadece posta kutusu. Buna televizyon izleyeceğin saat, çevrimiçi faaliyetler, yemek yenecek yerler ya da seyahat rotaları için dikkatini çekmeye çalışan bütün o insanları da ekle... Kendini kolayca diğer insanların yaptıklarını yaparken ya da senden yapmanı istediklerini yaparken bulabilirsin.

"İkinci gün kaplumbağayı seyrettikten sonra kumsala geri döndüğümde içim bu uyanışlarla doluydu. Havlumun üzerine oturup içimden geçenleri günlüğüme not ettim. Hayatımda üzerime gelen dalgaların dikkatimi, enerjimi ve zamanımı almaya çalışan ama VA'mla alakasız olan insanlardan, faaliyetlerden ve detaylardan oluştuğunu fark ettim. Geri çekilen dalgalar ise VA'mı gerçekleştirmeme *yardımcı olabilecek* insanlar, faaliyetler ve detaylardı. Yani gelen dalgalara ne kadar zaman ve enerji harcarsam benden giden dalgalara da o kadar az zamanım ve enerjim kalıyordu.

"Bu resim kafamda netleşince her şey gerçekten farklı bir perspektife oturdu. Ne kadar süreyle ve hangi sebeple 'ayak çırpacağım' konusunda daha seçici davranmaya başladım."

Casey'nin hikâyesini ve her gün vaktimin büyük bir kısmını nasıl geçirdiğimi düşünerek, "İlginç," dedim. "Bir yeşil deniz kaplumbağasından bir şey öğrenmekle ne kastettiğini şimdi anlıyorum."

Casey masadan kalktı. "Anlayacağını biliyordum. Fakat korkarım seni kahvaltından alıkoyuyorum. Ben seni bir süre kahvaltınla baş başa bırakayım, daha sonra tekrar gelirim."

"Casey, gitmeden önce senden bir kâğıt ve kalem ödünç alabilir miyim?"

"Elbette." Casey önlüğünün cebinden bir kalem çıkardı, sipariş defterinden bir sayfa kopardı ve bunları masamın üzerine bıraktı.

Giderken bana göz kırpıp, "Cevap seni şaşırtacak," dedi.

"Sen bunu nereden?.." diye soracak oldum ama Casey çoktan kafenin arka tarafına yönelmişti.

Kâğıdın üstüne sayılar yazmaya başladım. *Ortalama bir ömür yetmiş beş yıl... Üniversiteden mezun olduğumda yirmi iki yaşındaydım... haftanın altı günü posta alıyorum... günün on altı saatini uyanık geçiriyorum... günün yirmi dakikasını mektuplar ve e-postalarla geçiriyorum.*

Hesabımı tamamladığımda çıkan sonuca inanamadım. Bir kere daha hesap yaptım. Sonuç aynıydı.

Casey'nin gelen dalganın etkisi konusunda şaka yapmadığını fark ettim. Üniversiteden mezun olduğum yıldan başlayarak yetmiş beş yaşıma gelene kadar her gün yirmi dakikamı gerçekten umurumda olmayan posta ve e-postalara bakarak geçirirsem, toplam süre ömrümün bir yılı ediyordu.

Hesabımı üçüncü kez kontrol ettim. Doğruydu. Üniversiteden sonra muhtemelen elli üç yıl ömrüm vardı ve dikkatli davranmazsam o yıllardan birini gereksiz postaları okuyarak geçirmiş olacaktım.

"Eee?" Gelen Casey'ydi. Mutfaktan dönmüştü ama kendimi hesap yapmaya kaptırdığım için onu fark etmemiştim.

"Haklısın," dedim. "Şaşırdım. Aslında şaşırmanın da ötesi bu. Şoke olmaya doğru gidiyorum. Sadece gereksiz postaların, ömrünün bir yılını yiyebileceğini biliyor muydun?"

Casey gülümsedi. "Bütün postalar ve e-postalar gereksiz değildir John."

"Evet, biliyorum ama en azından benim için büyük bir kısmı öyle. Ayrıca sadece postalar da değil. Her gün başka hangi gelen dalgaların zamanımı ve enerjimi çaldığını da düşündüm."

"İnsanı düşünmeye sevk ediyor," dedi Casey. "Yeşil deniz kaplumbağalarıyla geçirdiğim zamanın beni o kadar etkilemesi de bu yüzdendi." Gülümsedi, arkasını döndü ve kafenin diğer ucundaki insanlara doğru yürüdü.

11 Kreplere geçtim. Onlar da diğer yiyecekler kadar enfesti. Bir yandan karnımı doyururken bir yandan da Mike ve Casey'yle sohbetlerimi düşünüyordum. Bunlar sıradan kafe sohbetleri değildi. *Neden buradasın? Burada olma nedenini keşfedince ne yaparsın? Bir yeşil deniz kaplumbağasından neler öğrenebilirsin?*

Kalan meyveler konusunda ilerleme kaydettiğim sırada bu kez Mike masama geldi.

"Kahvaltını beğendin mi John?"

"Harika, burası çok sağlam bir yermiş. Şubeler açmayı düşünmelisin, bir servet kazanabilirsin."

Mike gülümsedi. "Belki de zaten bir servetim vardır."

"O zaman neden burada çalışasın ki?.." Kendimi durdurmak için geç kalmıştım. "Özür dilerim Mike, burası harika bir yer olmadığından değil. Ben sadece… Aslında ne kastettiğimden emin değilim."

"Sorun değil," dedi Mike, "bu soruyu ilk duyuşum değil bu. John, tatile gidip bir balıkçıyla tanışan iş adamının hikâyesini duymuş muydun?"

"Sanmıyorum."

"Bundan birkaç yıl önce hayli popüler bir kısa hikâyeydi," dedi Mike. "İlgini çeker mi? Şu şube açma yorumunla alakalı."

"Elbette," dedim.

"Pekâlâ, iş adamı her şeyden uzaklaşmak ve 'pilini şarj etmek' için tatile çıkar. Çok uzak bir yere gider ve küçük bir köye varır. Birkaç gün boyunca topluluğu oluşturan insanları izler ve bir balıkçının herkesten daha mutlu, daha hoşnut göründüğünü fark eder. Bu durum iş adamının ilgisini çekmiştir, bu yüzden bir gün balıkçıya yaklaşır ve ona her gün ne yaptığını sorar.

"Balıkçı her gün uyanınca karısı ve çocuklarıyla birlikte kahvaltı ettiğini söyler. Sonra çocukları okula, o balık tutmaya gidiyordur ve karısı da resim yapmaktadır. Balıkçı sadece birkaç saat balık tuttuktan sonra eve ailesini doyuracak kadar balıkla geri dönüp biraz uyuyordur. Akşam yemeğinden sonra o ve karısı kumsalda yürüyüşe çıkıp gün batımını izliyor, çocuklar da okyanusta yüzüyorlardır.

"İş adamı şaşırır. 'Bunu her gün mü yapıyorsunuz?' diye sorar.

"'Çoğu gün,' der balıkçı. 'Bazen başka şeyler de yaparız ama çoğunlukla evet, benim hayatım bu.'

"'Ve her gün balık tutabiliyor musun?' diye sorar iş adamı.

"'Evet,' der balıkçı. 'Çok balık var.'

"'Eve, ailene götürdüğünden daha fazla balık tutabilir misin?' diye sorar iş adamı.

"Balıkçı ona bakar ve gülümser. 'Ah, evet, genellikle çok daha fazlasını yakalayıp salarım. Balık tutmayı seviyorum işte.'

"Bunun üzerine iş adamı, 'Peki, neden gün boyu balık tutup mümkün olduğunca çok balık yakalamıyorsun?' diye sorar. 'O balıkları satıp çok para kazanabilirsin. Çok geçmeden ikinci, üçüncü tekneni de alırsın ve o teknelerdeki balıkçılar da bir sürü balık tutar. Birkaç yıl içinde büyük bir şehirde bir ofisiniz olur ve bahse girerim on yıl içinde uluslararası bir balık dağıtım şirketinin sahibi olursunuz.'

"Balıkçı yine gülümser. 'Bunları neden yapayım ki?'

"'Para için,' der iş adamı. 'Böylece bir sürü para kazanıp emekliye ayrılmak için yatırım yaparsın.'

"'Emekli olunca ne yaparım?' diye sorar balıkçı gülümsemeye devam ederek.

"'Sanırım ne istersen,' der iş adamı.

"'Mesela ailemle kahvaltı edebilirim, değil mi?'

"'Evet, sanırım öyle,' der iş adamı. Fikrinin balıkçıyı heyecanlandırmaması canını sıkmıştır.

"'Ve balık tutmayı çok sevdiğime göre canım isterse her gün biraz balık tutabilirim, değil mi?' diye devam eder balıkçı.

"'Neden olmasın?' der iş adamı. 'O zaman bu kadar çok balık olmaz muhtemelen ama yine de biraz olur sanırım.'

"'Sonra da akşamlarımı karımla kumsalda yürüyüş yaparak ve çocuklarımız okyanusta yüzerken gün batımını izleyerek geçirebilirim, değil mi?' der balıkçı.

"'Elbette, nasıl istersen. Gerçi muhtemelen o zamana kadar çocuklarınız da büyümüş olur,' der iş adamı.

"Balıkçı adama gülümser, elini sıkar ve pilini doldurma çabalarında bol şans diler."

Mike hikâyesini bitirince bana baktı. "Ne düşünüyorsun John?"

"Sanırım ben de biraz o iş adamı gibiyim. Günlerimin çoğunu emekliliğimde yeterince param olsun diye çalışarak geçiriyorum."

"Eskiden ben de öyle yapardım," dedi Mike. "Ama çok önemli bir şeyi idrak ettim. Emeklilik, gelecekte canımın istediğini yapmaya yetecek paramın olacağı bir zamandı. Hoşuma giden faaliyetlere katılma özgürlüğüne kavuşacaktım ve her günümü tatmin olacağım bir şekilde geçirebilecektim. Sonra bir akşam, işte tatmin edici olmaktan gerçekten çok uzak bir günün sonunda bunun daha iyi bir yolunun olması gerektiği sonucuna ulaştım. Zaman içinde işlerin aslında nasıl yürümesi gerektiği konusunda kafamın biraz karıştığını öğrendim. Çok basit olduğu için, kafamın karışması kulağa biraz çılgınca gelse de karışmıştı işte."

Mike konuşurken önümdekileri yemeye devam ettim.

"Benim için her günün istediğim her şeyi yapmam için bir fırsat olduğunu fark ettim. Her gün menünün arka yüzünde gördüğün sorunun cevabını gerçekleştirme şansım var. 'Emekliliği' beklemem gerekmiyor."

Çatalımı elimden bırakıp arkama yaslandım. Kulağa bu kadar basit gelmesi beni şaşırtmıştı. "Ama bu çok kolay," dedim. "Bu kadar kolaysa neden herkes istediği şeyi yapmıyor?"

"Eh," dedi Mike gülümseyerek, "korkarım herkes adına konuşamam. Sen istediğin şeyleri yapıyor musun John?"

Sohbetin bu yönde ilerlemesini beklemiyordum. Konuşmayı Mike'ın sürdüreceğini ve benim sadece onu dinleyeceğimi düşünüyordum. Sorusunu birkaç saniye düşündüm.

"Hayır, pek sayılmaz," dedim.

"Neden?"

Sohbet, beklemediğim bir yöne daha sapmıştı. "Dürüst olmak gerekirse emin değilim. Üniversiteye başladığımda ne okumak istediğimi gerçekten bilmiyordum. Sonunda hoşuma giden ve birçok insanın mezuniyet sonrası iş bulmak açısından iyi bir alan olduğunu söylediği bir programa katılmaya karar verdim. Okul bitince çalışmaya başladım ve odak noktam para kazanmaya doğru kaydı. Bir süre sonra iyi bir maaşım oldu ve bir şekilde bir düzen oturttum.

"Daha önce bu soruya kafa yorduğumdan da hiç emin değilim," dedim menüyü işaret ederek. "Bu akşama kadar yani."

"Daha önce de söylediğim gibi," dedi Mike, "bu sorunun insanları nasıl ve ne zaman yakalayacağı belli olmuyor."

"Gerçekten çılgınca," dedim.

"Ne demek istiyorsun?"

"Az önce konuştuklarımız. Neden istediklerimizi şu anda yapmak yerine bunca vaktimizi istediklerimizi yapabileceğimiz bir zamana hazırlanarak geçiriyoruz ki?"

"Sanırım seni bu konuda daha fazla aydınlanmanı sağlayabilecek biriyle tanıştırabilirim," dedi

Mike. Masadan kalktı ve Casey'nin diğer müşterilerle konuşmakta olduğu masaya doğru yürüdü. Ne konuştuklarını duyamadım ama birkaç dakika sonra masadakilerden biri kalkıp bana doğru yürümeye başladı.

12 Masama geldiklerinde Mike beni yanındaki kadınla tanıştırdı.

"John, bir arkadaşımla tanışmanı isterim. Bu, Anne. Anne, bu da John. John kafemize ilk kez geldi."

Anne bana gülümsedi, tokalaştık.

"Tanıştığımıza memnun oldum," dedim. "Mike'ın bizi tanıştırma şeklinden, bu kafeye sık sık geldiğin sonucunu çıkarıyorum."

"Arada bir," dedi kadın. "Burası insanın en çok ihtiyaç duyduğu zamanlarda kendini bulduğu yerlerden biri."

"Bunu ben de hissetmeye başladım," dedim.

"John ve ben senin en sevdiğin konulardan birini tartışıyorduk Anne, bu yüzden senin uzman görüşüne başvurabileceğimizi düşündüm."

Anne güldü. "Uzmanlık kısmından emin değilim ama bende görüş hiç bitmez. Neden bahsediyordunuz?"

"John neden istediklerimizi hemen şimdi yapmak yerine onca vaktimizi istediklerimizi yapabileceğimiz zamana hazırlanarak geçirdiğimizi soruyordu."

"Ah, bu benim en sevdiğim konulardan biridir," dedi Anne yine gülerek.

Anne'in gülümsemesi bulaşıcıydı ve onu görür görmez sevmiştim. "Lütfen otur Anne. Bakış açını öğrenmek isterim. Zamanın varsa sen de otur lütfen Mike."

İkisi de karşımdaki sıraya yerleşirken Mike, "Anne konuşmaya başlamadan önce onun hakkında bilmen gereken bazı şeyler var," dedi. "Dünyanın en iyi pazarlama okullarından birinden mezun ve uzun yıllar reklamcılık dünyasının saygın üst düzey yöneticileri arasında yer aldı."

"Vay canına," dedim. "Kulağa çok etkileyici geliyor."

"Pek öyle değil," dedi Anne gülümseyerek. "Ama muhtemelen bağlam açısından önemli. John, hiç televizyon seyreder misin? Dergi okur musun, internette gezinir misin ya da radyo dinler misin?"

"Bazen," dedim. "Neden?"

"Neden istediklerimizi hemen şimdi yapmak yerine yapmaya hazırlanmak için bu kadar çok zaman harcadığımızla ilgili sorunun cevabı kısmen her gün karşımıza çıkan mesajlarda yatıyor," diye karşılık verdi Anne. "Biliyorsun, reklamcılar insanların korkularını ve arzuladıkları şeyleri uygun bir şekilde hedef alarak onları bazı şeyleri yapmak üzere motive edebileceklerinin uzun zamandır farkındalar. Doğru korkuya ya da doğru arzuya oynarsan insanları belli ürünleri satın almaya ya da belli hizmetlerden faydalanmaya ikna edebilirsin."

"Bana bir örnek verebilir misin?" diye sordum.

"Pekâlâ, hiç içeriğin mutlu ve güvende olmanı sağlamaya yönelik olduğu bir reklam gördün mü ya da duydun mu? Mesajın, 'Bu ürüne sahip olursan hayatın daha iyi olur,' olduğu bir şey?"

"Emin değilim," dedim. "Sanırım."

"Bu mesaj genellikle çok incedir," dedi Anne. "Çoğu zaman şirketler bunu insanlara açıkça söylemezler. Ama neyi arayacağını bildiğin zaman ya da bir sürü reklamın yaratılmasında rol aldığın zaman bunu görebiliyorsun. O mesajların amacı seni belli bir ürün ya da hizmet aracılığıyla tatmin olabileceğine inandırmaktır. Örneğin şu arabayı kullanmak hayatına anlam katacak, şu dondurmayı yemek mutlu olman anlamına gelecek, şu pırlanta yüzüğü takmak seni çok memnun edecek gibi.

"Ayrıca," diye devam etti Anne, "sana çok önemli bir şey söyleyeyim. Reklamlarda insanlara genellikle çok daha belli belirsiz ama daha etkili bir mesaj da iletilir. O ürünler sadece onlara sahip olduğunda tatmin olmanı sağlamazlar, sahip olmadığında seni tatmin olmaktan da *alıkoyarlar*."

Soran gözlerle ona baktım. "Anne, yani insanlar hiçbir zaman hiçbir şey almamalı mı? Bu bana abartılı geldi ve çok pratik olduğu da söylenemez."

"Ah, hayır," dedi Anne. "Beni yanlış anlama. Herkes istediğini yapmalı. Ben insanlar araba almasın, alışveriş merkezlerine gitmesin ya da dondurma yemesin demiyorum.

"Bana istediklerimizi doğruca yapmak yerine yapmaya hazırlanmak için neden bu kadar çok zaman harcadığımızı sordun. Sorunun cevabı kısmen şu: Dikkatli olmazsak her gün maruz kaldığımız pazarlama mesajlarına kanarız. Mutluluğun ve tatminin bir üründe ya da hizmette saklı olduğuna inanmaya başlarız. Zamanla da kendimizi yapmak istemediğimiz bir şeyi yapmaya devam etmek zorunda hissettiğimiz bir finansal durumda bulabiliriz."

"Seni anladığımdan emin değilim," dedim.

"Sana çok genel bir örnek vereyim," dedi Anne. "Fakat öncesinde, bunun herkese uymadığını ama konuştuklarımızı açıklamaya yardımcı olacağını belirteyim.

"Küçük yaşlardan itibaren bize tatminin nesnelerden geldiği mesajını ileten reklamlara maruz kalırız. Bu durumda ne yaparız? Pekâlâ, doğal olarak reklamların doğruyu söyleyip söylemediğini anlamak için bir şeyler satın alırız.

"Mesele şu," diye devam etti Anne. "O ürünleri satın almak için para gerekir. Bu sorunu çözmek için bir işe gireriz. O iş bizim ideal işimiz olmayabilir ve orada harcadığımız zaman tam olarak hayatımızı geçirmek istediğimiz şekilde geçmese de satın aldığımız şeylerin parasını ödeyebilmek için işi kabul ederiz. Kendimize bunun geçici olduğunu söyleriz. Yakında başka bir şey, aslında yapmak istediğimizle daha tutarlı bir şey yapacağımızı söyleriz.

"Sorun şu ki iş tatmin edici olmadığı için ve iş yerinde çok fazla zaman harcadığımız için gittikçe daha tatminsiz hissederiz. Etrafımız emekli olacakları ve yapmak istediklerini yapabilecekleri günü sabırsızlıkla beklediklerini söyleyen insanlarla doludur. Çok geçmeden, gelecekteki bu neredeyse mistik zamanı gözümüzde canlandırmaya başlarız. Mesleğimizi de yapmamızın gerekmeyeceği, onun yerine yapmak istediğimiz şeyleri yapmaya zaman ayırabileceğimiz zamanları.

"Bu arada her günümüzü istediklerimizi yaparak geçirmediğimiz gerçeğini dengelemek için daha fazla şey satın alırız. Bir açıdan reklam mesajının doğru olmasını ve satın aldığımız şeylerin günlük yaşantımızın sağlamadığı tatmini sağlamasını umarız. Ne yazık ki ne kadar çok şey satın alırsak faturalarımız o kadar kabarır ve biz de hepsini ödeyebilmek için iş yerinde daha fazla zaman harcamak zorunda kalırız. Ve işimiz tam olarak hayatımızı yaparak geçirmek istediğimiz şey olmadığı için, iş yerinde geçirilen zamanın artması daha fazla tatminsizliğe neden olur çünkü artık yapmak istediklerimizi yapmaya *daha da az* zamanımız kalmıştır."

"Böylece daha fazla şey satın alırız," dedim. "Sanırım bu işin nereye gittiğini anladım. Pek olumlu bir döngüye benzemiyor bu."

"Olumlu ya da değil," dedi Anne. "Nihayetinde insanlar illa VA'larına katkısı olmayan işlerde çok uzun süre çalışmaya devam ederler. Bu arada da artık çalışmak zorunda olmayacakları ve sonunda istediklerini yapabilecekleri bir geleceği hayal ederler."

"Vay canına, hiç böyle düşünmemiştim," dedim. "Tüm bu söylediklerinden emin misin?"

Bu sözlerim Anne'i ve Mike'ı güldürdü. "John, sana nasıl reklam mesajlarını oldukları gibi kabullenmek yerine altlarında yatan gerçekleri anlamanı tavsiye ediyorsam, benim söylediğim her şeyi de olduğu gibi kabullenmeni istemem," dedi Anne. "Casey bana senin hepimizin olaylara maruz kalma oranımızı artırma şansımızın olduğundan ve neyin var olduğunu bu şekilde bildiğimizden bahsettiğini söyledi. Benim seninle paylaştığım sadece bir insanın görüşü. Bu görüşü dinledikten sonra etrafındaki

dünyaya bakabilir ve duyduklarının bir kısmının ya da tamamının doğru olduğuna veya hiç doğru olmadığına kendin karar verebilirsin."

"Eh, duyduklarım kesinlikle olayları başka bir açıdan görmeme neden olacak," dedim. "Söylesene Anne, az önce verdiğin örneğe dönecek olursak, sen o döngüden geçtin mi?"

Anne güldü. "Kesinlikle. Şu anda buna gülebiliyorum ama o zamanlar hiç de komik gelmiyordu. Çok mutsuzdum ve hayatımın kontrolü benim elimde değilmiş gibi hissediyordum. Her gün saatlerce çalışıyordum, sonra da zamanımın kalmamasını kendime bir şeyler ikram ederek telafi etmeye çalışıyordum. Bana göre bu, hayata çok akılcı bir yaklaşımdı.

"Bütün hafta sonu çalıştım, diyordum içimden, o zaman kendime yeni bir giysi, son teknoloji bir aygıt ya da son moda bir mobilya ikram edebilirim. Sorun şuydu ki sürekli çalıştığım için kendime ikram ettiğim şeyi kullanmaya nadiren zamanım oluyordu. İnsanlar evime gelip bana o mobilyayı ne kadar beğendiklerini söyleyebilirlerdi ama ben bunun tadını çıkaracak kadar evde durmuyordum ki.

"Bir akşam, aylık gelirimin büyük bir kısmını yutacak koca bir fatura yığınını elden geçirdikten sonra yatağıma uzandım ve gözlerimi tavana diktim. Gözyaşlarına boğulmamak için kendimi zor tutuyordum. Hayatın yanımdan geçip gitmekte olduğunu fark etmiştim. Hayatımı aslında umurumda olmayan bir işi yaparak tüketiyor ve bunu da gerçekte pek önemsemediğim şeyleri satın alarak telafi etmeye çalışıyordum.

"Sorunum yeterince büyük değilmiş gibi, istediğim şeyi yapmaya geri dönme planım da emekli olana, yani altmış yaşıma kadar çalışmamı gerektiriyordu. Korkunç bir histi bu."

"Şu anki zihniyetinden çok farklı bir zihniyete benziyor," dedim. "Sonra ne oldu?"

Anne bana gülümseyerek cevap verdi. "Farklı bir zihniyetti. O akşam gözlerimi uzun süre tavana dikip kendimi içinde olduğum duruma nasıl düşürdüğümü çözmeye çalıştıktan sonra yürüyüşe çıkmaya karar verdim. Büyük bir şehirde yaşıyordum ve sokaklar insanlarla doluydu. Yanımdan geçen insanlara bakarken, onlar da benim gibi mi hissediyorlar, diye merak ediyordum.

"Mutlu muydular? Yapmak istedikleri şeyleri mi yapıyorlardı? Bu onları tatmin ediyor muydu? Bir süre sonra birkaç kez gördüğüm ama daha önce hiç girmediğim bir kafeye girdim. Şaşkınlık içinde bir tanıdığımın orada oturduğunu gördüm. Onunla birkaç kez karşılaşmıştım ve her zaman çok rahat, çok huzurlu görünmesi beni etkilerdi.

"Beni masasına davet etti ve üç saat boyunca, bolca kahve eşliğinde hayatla ilgili teorilerimizi paylaştık.

Durumumu ona izah ettiğim zaman bana gülümsedi ve belki de kendi reklamlarımı çok fazla okuduğumu söyledi. Ne demek istediğini anladığımdan emin olamadığımı söyledim ona. O da bana az önce sana anlattığım döngüyü açıkladı. Ve o gün bugündür hiç aklımdan çıkmayan bir şey daha söyledi.

"'Zor olan,' dedi, 'bir şeyin başkası tatmin edici olduğunu söylediği için değil, biz kişisel düzeyde tatmin edici olduğuna karar verdiğimiz için tatmin edici olduğunu fark etmektir.'

"O gece eve dönünce oturup benim için nelerin, neden tatmin edici olduğunu düşündüm. Kendimi her günümü nasıl geçirmek istediğimi düşünmeye zorladım. Çok geçmeden kendime her günümü neden o şekilde geçirmek istediğimi sorar oldum. Bir süre sonra o düşünce şekli beni buraya getirdi."

Önüme baktım. Anne menüyü işaret ediyordu.

Neden buradasın?

"Ya sonra?" diye sordum.

Anne yine güldü. "Eh, sanırım Casey sana insan kendine bir kez, 'Neden buradayım?' diye sorduktan sonra işlerin değiştiğinden bahsetmiştir. Detaylara girmeden şunu söyleyebilirim ki o geceden beri ben eski ben değilim.

"Her hafta kendime biraz daha fazla zaman ayırmamla, yavaş yavaş başladı. Çok çalışmamın telafisi olarak kendime 'nesneler' ikram etmeye son verdim ve bunun yerine kendimi yapmak istediklerimi yaparak şımartmaya başladım. Her gün en az bir saatimi gerçekten hoşlandığım bir şeyi yaparak geçirmeye özen gösterdim. O şey bazen beni gerçekten heyecanlandıran bir roman okumak oldu, bazen de yürüyüşe çıkmak ya da spor yapmak.

"Zamanla bir saat ikiye, iki saat üçe çıktı. Ne olduğunu bile anlamadan, tamamen istediğim ve 'Neden buradayım?' sorusunun cevabına faydası olan şeylere odaklanmıştım."

13 Anne, Mike'a döndü. "Ölüm konuşmasını yaptınız mı?"

"Neyi?" dedim bir anda biraz fazla kaygılanarak.

Anne gülümseyerek menüyü işaret etti. "İkinci soru."

Önüme baktım.

Ölümden korkuyor musun?

Menüdeki diğer iki soruyu neredeyse tamamen unutmuştum. İlkiyle maruz kaldıklarımdan sonra diğerlerini düşünmeye hazır olduğumdan emin değildim.

"Birbirleriyle bağlantılılar," dedi Mike.

Yine şu zihin okuma şeyi olmuştu. Tam da buranın normal bir kafe olduğunu düşünmeye başlarken. Aslında sanırım bunu hiç düşünmemiştim. "'Bağlantılı' derken ne demek istiyorsun?" diye sordum.

"Ölümden korkuyor musun?" diye sordu Anne. "Çoğu insan korkar ölümden. Aslına bakarsan insanların taşıdığı en yaygın korkulardan biridir bu."

"Bilmem," dedim. "Hayatta yapılacak çok şey var, istediğim her şeyi tecrübe etme şansını bulamadan ölmek istemem. Ama ölüm her gün düşündüğüm bir şey değil."

"Menüde gördüğün soruyu kendilerine sormayan ve yapmak istedikleriyle VA'larına ulaşmak için adım atmayan insanlar..." –Anne duraksayıp bana baktı– "...işte onlar ölümden korkarlar."

Duraksama sırası bana gelmişti. Anne'e ve Mike'a baktım. "Bana çoğu insanın her günü ölümü düşünerek geçirdiğini mi söylüyorsunuz? Buna inanmak benim için zor. Demek istediğim, benim her günümü ölümü düşünerek geçirmediğim kesin."

Mike gülümsedi. "Hayır, öyle değil. Tarif ettiğimiz şey öncelikle bilinçsiz bir düzeyde gerçekleşiyor. Çoğu insan ölüm kavramını her gün düşüncelerinin ön planında tutmaz. Ama farkında olmadan, geçen her günle beraber hayatta istedikleri şeyi yapma fırsatını bulamamaya bir gün daha yaklaştıklarını bilirler. Bu yüzden gelecekte o şansı tamamen kaybedecekleri günden korkarlar. Ölecekleri günden."

Mike'ın söylediklerini düşündüm. "Ama böyle olmak zorunda değil, öyle değil mi? Yani insan kendine neden burada olduğunu sorar, VA'sını gerçekleştirmek için yapmak istediği şeyleri seçerse ve yaparsa ölümden neden korksun ki? Bir şeyi zaten yaptıysan ya da her gün yapıyorsan, onu yapma şansını bulamamaktan korkamazsın."

Anne gülümsedi. "Evet, korkamazsın," dedi usulca. Masadan kalktı. "Seninle tanışmak büyük zevkti John. Korkarım arkadaşımın yanına dönmem gerekiyor ama sohbetimizden çok keyif aldığımı bilmeni isterim."

Ben de ayağa kalktım, tokalaştık. "Ben de öyle," dedim. "Düşüncelerini benimle paylaştığın için teşekkür ederim."

Anne arkasını dönüp masasına doğru yürürken tekrar yerime oturdum. Farklı hissediyordum. Nasıl olduğundan emin değildim ama kendimi uzunca bir süre çok değerli olacak bir şey öğrenmiş gibi hissediyordum.

Mike masadan kalktı. "İyi misin John? Biraz şaşırmış gibi görünüyorsun."

"Sadece düşünüyordum," dedim. "Anne'le anlattıklarınız çok mantıklı. Bunları daha önce duymadığım ya da kendim akıl edemediğim için şaşkınım."

"Her şeyin bir zamanı vardır John. Bunları daha önce düşünmüş olabilirsin ama o zamanlar o düşüncelere kulak vermeye ya da onlara göre hareket etmeye hazır değildin."

Mike uzanıp masamdaki iki boş tabağı aldı. "Masanı toplamama ne dersin? Patates ezmeni bitirecek misin?"

"İnanmayacaksın ama evet," dedim düşüncelerimden sıyrılıp önümdeki yiyeceklere konsantre olurken. "Çok lezzetliler ve ben hâlâ onları gözden çıkaramayacak kadar açım."

Mike masadan uzaklaşırken onunla ve Anne'le biraz önce tartıştığımız şeylere yeniden odaklandım. Sindirmesi biraz zaman alacak şeylerdi bunlar. Anne'in hikâyesini ve reklamların etkisini düşündüm. Başarı, mutluluk ve tatmin tanımlarımın ne kadarı benim dışımdaki insanlar tarafından belirlenmişti? Bundan emin olmak güçtü. Yolumda ilerlerken, insanların söyledikleri şeylerin ardında yatan mesajların daha fazla farkında olmaya çalışmaya karar verdim.

Ölümle ilgili konuşmalar ise bambaşka bir konuydu. Konuşmamızın sonunda daha derin bir anlayış düzeyine ulaştığımı biliyordum. Duygusal bir çaresizlik hali içinde, sadece ölüm yüzünden kaygılanarak yaşıyor değildim. Hatta ölüm sık sık aklıma gelen bir şey bile değildi. Ama amacımı gerçeğe dönüştürecek bir hayat yaşama kavramı ve bu düşüncenin her güne bakışım üzerinde yaratacağı etki, aklıma yatıyordu işte.

Kendi kendime, "Bir şeyi zaten yaptıysan ya da her gün yapıyorsan, onu yapma şansını bulamamaktan korkmazsın," dedim.

Keşke bunu daha önce düşünmüş ya da duymuş olsaydım. *Yine de*, diye düşündüm, *kavramı bilmek yetmez. Asıl önemli olan, yapmak istediğim şeyleri gerçekten yapmak.*

14 Menüye tekrar baktım.

Neden buradasın?

Ölümden korkuyor musun?

Halinden memnun musun?

Sorular bana artık onları ilk kez okuduğum zamanki kadar tuhaf gelmiyordu. Aslında şimdi benim için çok daha önemliydiler.

Halinden memnun musun?

İçimden, *insanın neden burada olduğunu bilmenin ötesine geçip bu hedef doğrultusunda çabalamaya başlamadan memnun olabileceğini sanmıyorum*, diye geçirdim.

"Ama bunu yapmak her zaman kolay değil, öyle değil mi?" dedi Casey.

Kafamı kaldırdığım zaman Casey su bardağıma uzanıyordu. "Evet, değil," dedim. "Kendi durumumu düşünüyorum. Her gün yaptığım şeyleri nasıl yapacağımı biliyorum. Bunun için para alıyorum. Kendime neden burada olduğumu sorup ne yapmak istediğimin adını koyarsam ve onu nasıl yapacağımı bilemezsem ne olacak? Ya istediğim şeyleri yapabileceğim bir iş bulamazsam? Para kazanmak için ne yaparım o zaman?

"Kendime nasıl bakarım ve emeklilik için nasıl para biriktiririm? Ya bu yeni şeyler her neyse ben onlarda iyi değilsem? Ya başka insanların güleceği ve saygı duymayacağı şeylerse bunlar?"

Casey sözlerimi tamamlamamı bekledi. "John, bir insanın neden burada olduğunu saptama adımından geçip de gerçek cevabı bulunca keşfettiklerinin onu heyecanlandıracağını düşünüyor musun?"

Bunun nasıl bir şey olacağını zihnimde canlandırmaya çalışarak bir an duraksadım. "Umarım," dedim. "Bir insan varoluş nedenini gerçekten çözerse bence sonrası heyecan verici olacaktır."

"Sence o nedene ulaşmaya yardımcı olacak şeyleri yapmak da bir o kadar heyecan verici olur mu?" diye sordu Casey.

Yine duraksadım. Sorular kulağa fazla kolay geliyordu. *Bir şeyi atlıyor olmalıyım*, diye düşündüm. "Elbette," dedim. "Neden olmasın? İnsan bu konuda diğer her şeyden daha heyecanlı ve tutkulu olmalı."

"O zaman aynı insanın başarısız olabileceğini neden düşünüyorsun?"

Casey'ye baktım. Ben bir cevap bulamadan konuşmaya devam etti.

"Hiç her gün yaptığı şey konusunda tamamen tutkulu biriyle tanıştın mı? Vaktini gerçekten keyif aldığı bir şey için harcıyor gibi mi görünüyordu?"

Tekrar duraksadım. "Çok fazla değil. Ama bu tanıma uyan birkaç kişi tanıyorum."

"Yaptıkları işlerde iyiler mi?" diye sordu Casey.

"Eh, evet," dedim biraz alaycı bir tavırla. "Harcadıkları zamana bakılırsa iyi de olmalılar zaten. Yani boş zamanlarında o işler hakkında bir şeyler okuyor, o işleri konu alan televizyon programları izliyor, o işlerle ilgili toplantılara katılıyorlar. İşleriyle bu kadar haşır neşir olunca yaptıkları şeyde iyi olmaları da kaçınılmaz."

"Yaptıkları şeyden hiç bıkmıyorlar mı?" diye sordu Casey.

"Hayır," dedim. "Doymak bilmiyorlar. Sanki onu yaparak şarj oluyorlar ve..." Cümlemin yarısında durdum.

Casey gülümsedi. "İş bulmakta sıkıntı çekiyorlar mı?"

Yine duraksadım. "Benim tanıdıklarım, hayır. Yapmaktan hoşlandıkları şey hakkında o kadar bilgili ve tutkulular ki herkes akıl danışmak için onlara başvuruyor ve yaptıkları şeylere onları da dâhil etmek istiyorlar."

"Hayli olumlu ve neşeli insanlar olmalılar," dedi Casey. "Muhtemelen 'şarj olmak' için uzaklaşma ihtiyacı da duymuyorlardır."

Casey'nin yorumlarını sindirmek için durdum. İlginç bir bakış açısıydı bu. Her zaman yapmak istediğim şeyleri yapsaydım hayatım nasıl olurdu? Ya bütün zamanımı tutku duyduğum bir şeyi yaparak geçirseydim. "Peki ya para?" dedim. "Bir şeyde iyi olman ya da bir konuda çok şey biliyor olman, karşılığında çok para kazanacağın anlamına gelmez. Her zaman iş bulabilirsin ama ücreti iyi olacak mı?" Bunu akıl ettiğim için kendimle birazcık gurur duydum. "Ne de olsa," diye devam ettim, "insanın ne tür şeyleri tatmin edici bulacağını kim bilebilir?"

"Anlıyorum," dedi Casey. "Pekâlâ, para konusunda en kötü senaryoyu düşünelim. İnsan her gün Varoluş Amacı'na ulaşmasını sağlayacağını düşündüğü şeyleri yaptığı bir hayat sürebilir. Ancak 'çok' para kazanamaz. Tanrım, bu trajik olurdu.

"Sonuçları düşünelim. Kendini, hayatını seni daima VA'na ulaştıracak şekilde yaşarken bulabilirsin. Neden burada olduğunu çözdüğün için bütün hayatını yapmak istediğin şeyi yaparak geçirebilirsin. Ama altmış beş yaşına geldiğinde emeklilik için yeterince birikiminin olmadığını görebilirsin.

"O zaman ne yapmalı?" dedi Casey abartılı bir tavırla. "Sanırım yapmak istediğin şeyi yapmaya devam etmen gerekebilir. Bu gerçekten trajik olurdu doğrusu."

Güldüm. "Casey, canın isteyince bayağı alaycı olabiliyorsun."

O da bana gülümsedi. "Ben sadece düşünce yapını tamamen anladığımdan emin olmaya çalışıyorum."

"Biliyorum, biliyorum. Konu yine Mike'ın balıkçı hikâyesine varıyor. İstediğin şeyi hemen şimdi yapabilecekken neden bekleyesin?"

"Dahası da var. Anne'le insanların bir şeyler satın alma nedenleriyle ilgili konuşmanızı hatırlıyor musun?"

"Elbette, bazı insanların daha fazla şey satın alabilmek için daha fazla paranın peşine düştüklerinden bahsetmiştik. Her gün yapmak istedikleri şeyleri yapamadıkları için, onları satın aldıkları şeylerin tatmin etmesini umuyorlar. Ama asıl tehlike şu ki ne kadar çok şey satın alırlarsa paralarını ödeyebilmek için de o kadar çok çalışmaları gerekir. Dikkatli olmazlarsa bu onları dibe çeken bir girdaba dönüşür."

Duraksadım. Atladığım bir parça var gibiydi. Casey'ye baktım ama o da bana bakıyordu. "Sanırım olası en kötü senaryoyla ilgili, değil mi?" diye sordum. Casey başını sallayarak beni onayladı.

Bir an düşündüm. "Sanırım ilk olarak, en kötü senaryonun içinde olan bir insan her zaman başka bir şey yapmayı seçebilir."

Casey yine sadece başını sallayınca sözlerime devam ettim.

"Ve bu, olabilecek en kötü senaryo. Tahmin edileceği gibi, daha iyi bir senaryo da var. İnsan yapmayı sevdiği ve burada olma nedenine hizmet eden şeyleri yapmasının karşılığında çok para kazanabilir."

Casey tekrar başını salladı.

Henüz atladığımı hissettiğim kısma ulaşamadığımı biliyordum. Sırtımı sıranın arkalığına yaslayıp suyumdan bir yudum aldım. Tam Casey'den bir ipucu isteyecekken, ne olduğu bir anda kafama dank etti. "Belki de para önemini kaybediyordur. Yani insana ve şartlara göre değişir ama Anne'le yaptığımız konuşmayı düşündüğüm zaman insanların neden çalıştıklarını merak ettiğimi hatırlıyorum. Anne'le konuşurken, çalışma nedeninin tatmin aramakla bağlantılı kısmına değinmiştik."

"Bana bir örnek verebilir misin?" diye sordu Casey.

"Pekâlâ, benim çalışma nedenim para kazanmak," diye karşılık verdim. "Satın aldığım şeylerin

ücretini karşılamak için paraya ihtiyacım var. Satın aldığım her şeyi düşününce, sanırım ben de Anne'le bahsettiğimiz insanlara benziyorum. Sahip olduklarımın büyük bir kısmı bir süreliğine kaçmama, gevşememe ve etrafım konusunda kendimi daha iyi hissetmeme yardımcı olan şeyler."

"Merak ettiğim şey şu: 'Kaçma' ya da 'gevşeme' ihtiyacı duymasaydım o şeylerin ne kadarını isterdim? Her zaman yapmak istediğim şeyleri yapsaydım kaçılacak daha az şey olurdu ve muhtemelen gevşememi gerektirecek stres de azalırdı. Ormanın içindeki bir kulübede yaşamaya giderdim, demiyorum ama bir insanın 'çok para' tanımı VA'sına ulaşmasını sağlayan bir hayat sürüp sürmemesine göre değişiyor olabilir mi, diye merak ediyorum."

Casey yine başını salladı. "Yani insanların daha fazla paraya sahip olmayı istemekten vazgeçmelerini mi öneriyorsun?"

"Hayır," dedim ve düşündüklerimi açıklamak için doğru sözcükleri bulmaya çalıştım. "Kastettiğim bu değil. Ben sadece kendi adıma diyorum ki burada olma nedenimi bulsaydım ve o nedene uyacak şeyleri yapıyor olsaydım, muhtemelen para konusunda şu anda olduğumdan daha az kaygılı olurdum. Söylemeye çalıştığım şey buydu."

Casey masadan kalktı ve boşalan tabaklarımdan ikisini aldı. Gülümsedi. "İlginç düşünceler bunlar John."

Mutfağa doğru yürümesini izledim.

"Burası da ilginç bir yer."

15 Casey geri dönünce su bardağımı doldurup karşıma oturdu. "John, tabaklarını mutfağa götürdüğüm zaman Mike bana ilgini çekebileceğini düşündüğü bir şeyi hatırlattı. İnsanların VA'larına ulaşmaya çalışırlarken yüzleşebilecekleri zorluklarla ilgili konuşmamızla bağlantılı bir şey."

"Nasıl para kazandıklarıyla ilgili sorum gibi mi yani?"

"Kısmen ama dahası da var."

Casey'ye baktım. "Seni dinlemek isterim."

"Bunun işe yaraması için, daha önce bahsettiğimiz insanları düşünmeni istiyorum."

"Tanıdığım, yaptıkları şeyler konusunda tutkulu olan insanları mı kastediyorsun?" diye sordum. "Her günlerini gerçekten keyif aldıkları şeyleri yaparak geçiriyor gibi görünenleri yani?"

"Evet, onlar. O insanlarda dikkatini çeken bir şey var mı?"

"Şey, bir kadın satış yaparken..."

"Aslında, John," dedi Casey araya girerek, "yaptıkları şeylerden daha ötesini düşün. Onlarda genel olarak dikkatini çeken bir şey var mı?"

Arkama yaslandım ve bir an için gözlerimi kapattım. Düşündüğüm insanları zihnimde canlandırabiliyordum. "Pekâlâ, daha önce bahsettiğim gibi, hepsi de gerçekten mutlu görünüyor. Yaptıkları şeyden keyif alıyor gibi duruyorlar. Ayrıca gerçekten özgüvenli insanlar. Sahte bir cesaret gibi görünmüyor. İşlerin istedikleri gibi gideceğini biliyormuş gibi görünüyorlar.

"Kulağa tuhaf gelebilir ama bir diğer özellik de hepsinin şanslı olması. Demek istediğim, başlarına hep iyi ve beklenmedik şeyler geliyor."

"Bana bir örnek verebilir misin?" diye sordu Casey.

"Aklıma bir kadın geldi. Reklam sektöründe. Anne'le yaptığımız konuşmadan sonra bu biraz tuhaf geliyor açıkçası. Her neyse, söz konusu kadın büyük bir müşteriyi kapmaya çalışıyordu. Niçin olduğunu bile hatırlamıyorum ama o müşterinin önemli olduğunu ve bir sürü insanın onu ele geçirmeyi deneyip başarısız olduğunu hatırlıyorum.

"Kadın o müşteriyi kapmak istediğine karar vermişti. İki hafta boyunca sunum materyalleri üzerinde çalıştıktan sonra eski bir üniversite arkadaşından bir telefon aldı. O arkadaşıyla uzun süredir konuşmuyordu. Havadan sudan sohbet ederlerken konu işe geldi ve kadın, arkadaşına o müşteriyi almak istediğinden bahsetti. Meğer o üniversite arkadaşının, kadının peşinde olduğu şirkette çalışan bir arkadaşı varmış.

"Birkaç telefon konuşmasının sonunda üçü akşam yemeğinde buluştu. Tahmin edileceği gibi, birkaç hafta sonra, kadın o müşteriyi aldı. Başlarına beklenmedik şeyler geliyor, derken kastettiğim buydu. Çok şanslı görünüyorlar."

"Neden böyle düşünüyorsun?" diye sordu Casey.

Suyumdan bir yudum aldım. "Tam olarak emin değilim. Belki de sadece tesadüftür. Ancak işin tuhaf yanı şu ki benden yaptıkları şeyden gerçekten keyif alan insanları düşünmemi istedin. Bu insanlar VA'larıyla tutarlı görünen şeylere zaman harcayan insanlar. Onların başına sürekli böyle iyi şeyler geliyor sanki."

Casey gülümseyerek bana baktı. "Sadece bu insanların başına mı iyi şeyler geliyor? Senin başına hiç iyi şeyler gelmedi mi?"

Arkama yaslandım. "Sanırım geldi. Yani aklıma belli bir şey gelmiyor ama beklenmedik bir şeyin tam da ihtiyaç duyduğum anda gerçekleştiğine çok şaşırdığım zamanlar olduğunu hatırlıyorum."

"John, içimden bir ses, o belli durumları hatırlayabiliyor olsaydın aralarında bir bağ kurabileceğini söylüyor."

"Mesela tam olarak yapmak istediğim şeyleri yaptığım zamanlarda başıma gelmeleri gibi mi?" diye sordum. Bunu söylerken içimin ürperdiğini hissettim. Daha önceki, kendime dair önemli bir şeyi öğrendiğim hissine kapıldığım andaki ürpertiye benziyordu.

"Özellikle senin adına konuşamam John ama burada, kafede çalışırken insanlar hakkında genel bir şeyin farkına vardım. VA'larını bilen ve gerçekleştirmek için gerekeni yapan insanlar çok şanslı görünüyor. En çok ihtiyaç duydukları anlarda başlarına beklenmedik, görünüşte tesadüfi şeyler geliyor.

"İçlerinden bazılarına bunu sorduğumda hepsi de doğruluğuna katıldı ancak sebebinin ne olabileceği konusunda aynı fikri paylaşanların sayısı fazla değil. Dürüst olmak gerekirse, çoğu bunun adını koymayı fazla önemsemiyor. Bunun varoluş amaçlarını gerçekleştirdikleri zaman devreye girdiğini biliyorlar ve onu işlerin yürüme şeklinin bir parçası olarak görüyorlar."

"Tuhaf," dedim. "Kulağa biraz mistik geliyor."

"Bunu söyleyenler de oldu. Diğerleri bunu evrenin doğal akışının bir parçası olarak görüyor ya da daha üstün bir gücün iş başında olduğunu düşünüyorlar. Onu sadece iyi şans olarak görenler de yok değil. Ama hepsi de onun var olduğu ve yaptıkları şeyin bir faktörü olduğu konusunda hemfikir."

"Sen ne düşünüyorsun Casey?"

Bu kez duraksama ihtiyacı duyan Casey oldu. "Dürüst olmak gerekirse bilmiyorum. Sanırım bu nedenlerin hepsi ve belki bir şey daha var. Üslü sayılar teorisini hiç duymuş muydun?"

"Emin değilim. İzah edebilir misin?"

"Elbette, aslında bayağı kolay. Sana bir örnek vereyim. Üslü sayılar teorisine göre bir insana bir şey söylersen onu başka insanlara söylemelerini sağlarsın, o başka insanlar onu daha başka insanlara söylerler ve çok geçmeden mesajın şahsen konuştuklarından çok daha fazla insana ulaşmış olur."

"Bir e-postayı başkasına iletmek gibi yani," dedim. "Hani sen on kişiye gönderiyorsun, sonra o on kişi onar kişiye daha gönderiyor ve bu böyle sürüp gidiyor."

"Aynen öyle. Konsept aynı. Sadece, diyelim ki insanlara VA'nı gerçekleştirmene yardımcı olmak için yapmaya çalıştığın bir şeyden bahsediyorsun. Onu on kişiyle paylaşırsan ve her biri onar kişiye anlatır da bu böyle sürerse çok geçmeden potansiyel olarak sana yardımcı olacak bir sürü insanın olur."

Bir an düşündüm. "Ama bana yardım etmeyi neden istesinler ki? Onları yapmaya çalıştığım şeyden diğer insanlara da bahsetmeye ne motive edebilir?"

Casey bana baktı ama cevap vermedi. Bunun da kendi sorumu cevaplamam gerektiği zamanlardan biri olduğu hissine kapıldım. Yaptığımız konuşmayı ve üslü sayılar konusuna nasıl geldiğimizi düşündüm. Ancak çözümü aklıma gelmiyordu. "Anladığımdan emin değilim Casey. Bana bir ipucu vermeye ne dersin?"

"John, bu konuşmaya ilk başladığımızda düşündüğün, şu VA'larına ulaşmaya çalışan insanları hatırlıyor musun? Onlarla etkileşime geçmek sana nasıl geliyor?"

"Harika geliyor. İnsan kendini onların tutkularına ve yaptıkları şeye duydukları hevese kapılmaktan alamıyor. İçinden onlara yardım etmek geliyor."

Yine duraksadım. "Ah, haydi ama Casey. Bana cevabın bu olduğunu mu söyleyeceksin? Ama bu, mesajın dilden dile aktarılmasına nasıl uygulanabilir ki?"

"John, az önce bu insanların tutkularının ve heveslerinin sende onlara yardım etme isteği uyandırdığını söyledin. Kendin onlara yardım edemeyecek olsaydın ama başkalarının yardım edebileceğini bilseydin o kişilerle irtibata geçer miydin?"

"Elbette. İnsanın içinden bunu yapmak geliyor çünkü onlar..." Doğru sözcükleri bulmak için duraksadım.

"Doğru yoldaymış gibi mi görünüyorlar?" diye sordu Casey.

"Evet, onun gibi bir şey. Doğru yolda gibi göründükleri için insan onlara yardım etmek istiyor."

"Böylece onlara yardımı dokunabilecek insanlara da onlardan nasıl bahsediyorsun, değil mi?" diye sordu Casey.

Kısmen kendi kendime, kısmen Casey'ye gülümsedim. "Benimle konuşurlarken sergiledikleri tutkunun ve hevesin aynısıyla. Bunun bulaşıcı bir etkisi var ve sanki duygu o hikâyeyle ya da ihtiyaçla kalıyor."

"Belki de cevabın budur." Casey ayağa kalktı ve masada kalan tabakları topladı. "Çok etkilendim John," dedi boş tabakları elinde tutarken. "Gerçekten çok acıkmış olmalısın."

"Yemekler yüzünden," dedim. "Tabakta bırakılamayacak kadar iyiydiler."

Mutfağa doğru bakınca Mike'ı gördüm. Bana el salladı ve bu kez ben de ona bir restoranda aşçıya el sallarken utanacağımdan biraz daha az utanarak karşılık verdim. "Casey, sence şu çilekli raventli turtandan kalmış mıdır?"

Güldü. "Doğruca mutfağa gidiyorum. Bakalım senin için yapabileceğim bir şey var mı?"

16 Birkaç dakika sonra Mike masama geldi. Elindeki tabakta dört kişiye yetecek kadar büyük bir turta dilimi vardı. "Bir parça çilekli raventli turta?" dedi.

"Mike, orada turtanın yarısı var. Hepsini yiyebileceğimden emin değilim."

Mike masaya tabakla birlikte fazladan bir peçete ve temiz bir çatal bıraktı. "Acele etme," dedi. "Casey'yle konuşmanız nasıl gitti?"

Turtadan büyük bir lokma almış ve çiğnemeye başlamıştım bile. Biraz su takviyesiyle lokmamı yuttum. "İlginçti. Çok ilginçti. Sorunun değişmiş halinin cevabını bulmuş gibi görünen insanlardan bahsettik," dedim menüyü işaret ederek.

Bir an için menünün üzerindeki sözcükler "Neden buradayım?"a dönüştü ve sonra tekrar yavaş yavaş "Neden buradasın?"a geri döndüler. Bu değişimden Mike'a bahsetmeye gerek görmedim bile.

"Evet, bu sorunun," diye devam ettim sözlerime. "O insanlar neden burada olduklarını bilmeleri, o nedeni gerçekleştirmek için neler yapmak istediklerini çözmüş olmaları ve o şeyleri yapabilecekleri konusunda kendilerinden son derece emin olmaları açısından birbirlerine benziyorlar. Ve o şeyleri yapmaya çalışırlarken, başarılı olmalarına yardımcı olacak olaylar gerçekleşiyor. Casey bana insanların bu son kısımla ilgili bazı teorilerini anlattı."

Mike sırıttı. "O konuda çok spekülasyon var. Uzun zamandır var, belki de ucu en eski filozoflara kadar dayanıyordur."

"Mike, bir konuda kafam biraz karışık. Neden herkes VA'sının peşine düşmüyor? Onları bunu yapmaktan alıkoyan ne? Sen söze başlamadan önce bu soruyu kendime sormam gerektiğini biliyorum ve masaya geldiğinde bunu yapıyordum. Ama benim bulabileceğimden daha büyük, daha kapsamlı bir neden var mı diye merak ediyorum."

Mike içeceğinden bir yudum aldıktan sonra kupasını masaya bırakıp karşıma oturdu. "Elbette hepimizin kendine göre nedenleri var," dedi. "Ve o nedenleri her insanın kendisinin ele alması gerekiyor çünkü herkesin durumu kendine has. Ama baskın olan daha büyük konular da yok değil."

"Örneğin?"

"Pekâlâ, pek çok insan için bunun, Varoluş Amacı kavramıyla hiçbir zaman tanışmamış olmak kadar basit bir nedeni var. Diğerleri ise kavramı anlamışlar ama bir VA'larının olduğundan emin değiller. Bir de yetiştirilme şekilleri, çevreleri ya da dinî inançları yüzünden VA'larını gerçekleştirmeye çalışmaya haklarının olmadığına inananlar var.

"Bir Varoluş Amacı'nın olduğunu hisseden ve onu gerçekleştirmeye haklarının olduğuna inananlar da bazen gerçekleştirmenin, yapabileceklerini bilmek ve istediklerini yapmak kadar basit olabileceğine inanmıyorlar.

"Bu konunun ucu Anne'le konuştuklarınıza dayanıyor. Çoğu insan, bizzat kendilerinin ya da yaptıkları veya sattıkları bir şeyin tatmin olmanın anahtarı olduğuna başkalarını ikna ederek hayatını kazanır ya da güçlerini bundan alır. Hepimizin kendi tatmin düzeyimizi kendimizin kontrol ettiğini idrak ettiklerinde yaşayacakları zorluğu bir düşünsene. Başkalarını ikna etmeye çalışanlar güçlerini kaybederler. Bu tür insanlara başkaları üzerindeki güçlerini kaybetmek hiç cazip gelmez."

"Bu bana Casey'yle bu akşam yaptığımız konuşmalardan birini hatırlattı," dedim. "Casey bir insanın VA'sını fark ettiği zaman istediğini yapabileceğini ve istediği şeye dönüşebileceğini anlamamı sağladı. Başkasının iznine ya da rızasına ihtiyacının olmadığını."

"Doğru. Ve buna ek olarak hiç kimse bir insanı hayatta istediklerini elde etmekten ya da yapmaktan alıkoyamaz veya hayatta istediklerini elde etmesini veya yapmasını sağlayamaz. Hepimiz kendi yazgımızı kendimiz kontrol ederiz."

Bu konuşmayı ve Casey ve Anne'le yaptığımız sohbetleri düşündüm. "Tarif ettiğin şey günlük hayatımda gördüğüm ve duyduğum mesajlardan çok farklı. Bırak sonraki adımları atıp gerçekten o şekilde yaşamayı, insanların neden var olduklarını saptama ve kendi kaderlerini kontrol etme kavramlarıyla tanışmalarının bile neden çok zor olduğunu anlayabiliyorum."

"Kesinlikle," dedi Mike. "Ama imkânsız da değil. Aslına bakarsan birkaç hafta önce kafenin bir misafiri, Casey ile bana kendi kaderini kontrol etmeyi nasıl öğrendiğiyle ilgili bir hikâye anlattı. İlgilenirsen hikâyeyi seninle de paylaşabilirim."

"Kesinlikle. İçinde yine balıkçılar mı var?"

Mike güldü. "Bu kez balıkçı yok ama spor var. Bu adam senelerce çok zorlu bir golf atışını yapmak üzere olduğu bir rüyayı defalarca görmüş. Anlattığına göre uyanıkken çok iyi bir golfçü değilmiş, bu yüzden bu zor atışla uyurken yüz yüze kalmak ona daha da bunaltıcı geliyormuş. Rüyasında vurması gereken top bir pencerenin pervazında ya da eğimli, büyük bir kayanın üstünde veya yine bir o kadar saçma ve zorlayıcı başka bir yerde duruyormuş.

"Adam ayaklarını iki yana açıp iyi bir atış yapmak için uğraşıyor da uğraşıyormuş ama yaptıkları ona hiçbir zaman yeterince doğru gelmiyormuş ve atışının yetersiz olacağını biliyormuş. Pratik yaptıkça kaygısı ve stresi de artıyormuş.

"Bunalımı zirve noktasına ulaşınca kendini nihayet atışı yapmaya hazır hissediyormuş. Ancak tam vuruşuna başlayacakken bu sefer topun yeri değişiyormuş ve adam yeni ve bir o kadar zorlu bir pozisyonla karşı karşıya kalıyormuş. O zaman da yeni bir stres ve kaygı birikimiyle kalakalıyormuş. Bu döngü sonunda kalbi hızla çarparak, stres içinde uyanana kadar tekrarlanıyormuş.

"Bir gece yine aynı rüyayı görmüş ama maksimum sıkıntı düzeyine ulaştığı noktada, bir anda topu alıp başka bir yere koyabileceğini fark etmiş. Kaybedeceği bir şey yokmuş ve topa nereden vurduğuna kimse aldırmıyormuş.

"Uykusundan, anladıktan sonra çok bariz görünen ama o ana kadar anlayamadığı çok önemli bir içgörü kazandığı duygusuyla uyanmış. Sohbetimizi bana şunu açıklayarak tamamlamıştı: 'Bize neye inanmamız öğretilmiş olursa olsun, reklamlarda ne duyarsak duyalım ya da iş yerinde stresliyken ne hissedersek hissedelim aslında hepimiz hayatımızın her anını kontrol ederiz. Ben bunu unutmuştum ve diğer etkenlere uyum sağlamaya çalışıyor, hayatımın kontrolünü onlara bırakıyordum.

"'Golf topuna nereden vurduğuma benden başka kimsenin aldırmıyor olması gibi, hayatta da varoluşundan ne istediğini sadece sen bilebilirsin. Başka olayların ya da insanların seni kendi kaderin üzerinde kontrolünün olmadığını hissedeceğin bir noktaya taşımasına izin verme. Yolunu seçerken aktif ol, yoksa o yol senin adına başkası tarafından seçilir. Tek yapman gereken golf topunun yerini değiştirmek.'"

Mike hikâyesini tamamlayınca bana baktı. "Gördün mü? Balıkçı yoktu."

"Balıkçı yoktu gerçekten ama harika bir hikâyeydi. Mesajını çok sevdim."

"Adam da sevmiş. Bana rüyasındaki o mesajın, hayatını değiştirdiğini söyledi. O andan itibaren kendi kaderini kendisinin çizebileceğini fark etmiş. Şimdi ne yapacağını bilemediği bir durumla karşı karşıya kalınca kendine golf topunun yerini değiştirmeyi hatırlatıyormuş. Bana bu sözcükleri dile getirmenin bile ona korkmamayı ve istediğini yapmayı hatırlattığını söyledi."

17 Saatime baktım. Sabahın 05.15'iydi. "İnanamıyorum," dedim. "Neredeyse yeniden kahvaltı sipariş etme saati geliyor."

Mike gülümsedi. "Belki de önce turtanı bitirmek istersin."

"Zevkle," diyerek turtadan bir çatal daha aldım. Lokmamı çiğnemeyi bitirince bir yudum daha su içtim. "Mike, hâlâ çok emin olamadığım bir şey var. Bunu hem seninle hem Casey'yle konuştuk ama cevabı henüz alamadım."

Mike gülümsedi. "Sor bakalım. Turta tarifi olmasın da. O tarif burada sır olarak sakladığımız az sayıdaki bilgiden biridir. Annemin tarifiydi ve onu kimseyle paylaşmayacağıma söz verdim."

Gülümsedim. "Anlıyorum. Neyse ki ben farklı bir cevap peşindeyim. İnsanların kendilerine, 'Neden buradayım?' diye sormalarından bahsettik ve Casey'yle o soruyu sormanın yankılarını ve insanların cevabı öğrendikten sonra neler yapabileceklerini tartıştık. Hâlâ bilmediğim şey şu..."

"Cevabı nasıl bulabileceğin," dedi Mike.

"Doğru."

"Sanırım bu soru için Casey'yi buraya çağırmalıyım. Belki de ikimiz birlikte sana sadece birimizin verebileceğinden daha iyi bir cevap verebiliriz." Mike masadan kalktı ve restoranın Casey'nin Anne ve arkadaşıyla sohbet etmekte olduğu ucuna yürüdü. *Acaba onlar da aynı şeyleri mi konuşuyorlar*, diye düşündüm.

Bir dakika sonra Casey ayağa kalktı ve Mike'la birlikte yanıma geldiler.

Otururlarken Casey bana, "Turta nasıl?" diye sordu.

"Mükemmel," dedim sırıtarak. "Neredeyse doymak üzereyim."

"Casey, John bir insanın ilk sorunun cevabını nasıl bulacağını soruyor," dedi Mike. "Menünün arka tarafındaki 'Neden buradasın?' sorusunu işaret ediyor. Yani soru 'Neden buradayım?'a dönüştü. Ben de sorularını ikimiz birlikte cevaplamayı deneyebiliriz diye düşündüm."

Casey başını salladı ve gözlerimin içine baktı. Çok ciddi bir sesle sordu: "Bir posta kutun var mı John?"

"Elbette."

"Pekâlâ, sen soruyu sorduktan sonra ayın yedinci gününe denk gelecek olan ilk dolunayda posta kutuna bir paket gelecek. O pakette, cevabı bilenlerden gelen gizli bir mesajı kâğıt mum ışığına tutulduğu zaman açığa çıkaran bir evrak olacak. Mesaj sadece bir kez ve sadece mum ışığında okunabilir ve mutlaka ayın yedisinde okunmalıdır."

Su içmeyi bıraktım ve söylediklerinin devamını duymak için öne eğildim.

"Paketi açtığın zaman onun doğru paket olduğunu anlayacaksın çünkü kurdelesi kırmızı olacak, iki kez düğümlenmiş olacak ve..."

Bu noktada masanın hareket ettiğini fark ettim. Aslında daha çok titreşir gibiydi. Arkama yaslandım.

"Neler oluyor Casey?" dedim şaşkınlıkla. "Masa..."

Casey masanın sallandığını fark etmemiş gibi sözlerine devam etti: "...ilmiklerden biri diğerinin en az iki katı büyüklükte ve paketin sol üst köşesinde olacak."

Mike'a baktım. Şaşkınlık ve biraz da utanç içinde fark ettim ki masanın sallanması, düşünmeye başladığım gibi başka bir dünyadan bir işaret değildi. Masayı Mike sallıyordu.

Casey'yi dinliyordu ve kahkahasını bastırmak için elini ağzına kapatıp dirseğini masaya yaslamıştı. Bütün vücudu sarsılarak gülüyordu ve nihayetinde masa da sallanıyordu.

Ben de gülmeye başladım. Bunun üzerine Casey, Mike'a döndü ve omzuna şaka yollu bir yumruk indirdi. "Hiç iyi bir suç ortağı değilsin," dedi gülümseyerek.

"Çok özür dilerim," dedi Mike. "O kadar ikna ediciydin ki kendimi tutamadım."

"Pekâlâ," dedi Casey, "sorunun cevabını verirken biraz yaratıcı özgürlüğe kaçmış olabilirim."

"Biraz mı?" dedi Mike. "Bana sorarsan düpedüz uydurma derim. Çifte düğümlü ve..." Mike, Casey'yi taklit edince hepimiz tekrar gülmeye başladık.

"Hikâyeler uydurmak konusunda çok iyisin Casey," dedim. "Ancak sorumu hâlâ yanıtlamadın."

"Biraz eğlenmemizi sağlamaya ek olarak," dedi Casey gülümseyerek, "bir noktaya dikkat çekmeye çalışıyordum. Bazı insanlar soruyu sorar ve cevabı bilmek isterler ama onu bir başkası ya da başka bir şey versin isterler."

"Ayın yedisinde gelen bir paketle," dedim gülümseyerek.

"Evet, yedisinde. Mesele şu ki nasıl cevabı bildiğimiz zaman ne yapacağımıza özgür irademizle karar veriyorsak, cevapları bulmak da kendi kontrolümüzdedir."

"Yani diyorsun ki," diye söze girdim, "ilk adımı attıktan sonra geri çekilip beklemek yok. İnsanlar neden burada olduklarını gerçekten bilmek istiyorlarsa cevapları kendileri bulmalı."

"Aynen öyle," dedi Mike. "Ve insanlar bunu farklı yollardan yaparlar. Kimi neden burada olduğunu derinlemesine düşünerek geçirir zamanını. Kimi en sevdiği müziği dinlerken aklının onu nereye götürdüğüne dikkat eder. Pek çok insan doğal bir ortamda tek başına zaman geçirirken diğerleri bu konuyu arkadaşlarıyla ve yabancılarla konuşur. Bazı insanlarsa cevaplarına kitaplarda okudukları fikirler ve hikâyelerle ulaşır."

"Hangisinin en iyi sonucu verdiği konusunda sizin bir öneriniz var mı?" diye sordum.

Casey bana döndü. "Bu gerçekten kişiye bağlı John. Akılda tutulması gereken kilit nokta, cevabımızın ne olduğunu sadece bizim belirleyebileceğimizdir. Pek çok insanın o cevabı ararken yalnız kalmasının bir nedeni budur."

"Bunu anlayabiliyorum," dedim. "Dört bir yandan bilgi ve mesaj bombardımanına tutulurken bir şeye odaklanmak çok zor."

"Doğru," dedi Mike. "İnsanlar meditasyon yapmaya ya da doğal bir ortamda yalnız kalmaya zaman ayırırlarken, *gerçekten* ne düşündüklerine odaklanabilmek için genellikle dış 'sesten' uzaklaşmaya çalışırlar."

"Hepsi bu kadar mı?" diye sordum.

"Tam olarak değil," diye karşılık verdi Casey. "John, başka fikirlere, kültürlere, bakış açılarına, insanlara ve bu tür şeylere açık olmanın taşıdığı değerden bahsettiğimizi hatırlıyor musun?"

"Elbette, bir insanın Varoluş Amacı'na ulaşmak için yapabileceği farklı şeyleri nasıl saptayabileceğini konuşurken bahsetmiştik bundan."

"Aynen öyle," dedi Casey. "Aynı fikir, VA'sını bulmaya çalışan insanlar için de geçerlidir. Bazı insanlar yeni şeyler tecrübe edip yeni fikirler öğrendikleri zaman bunlardan bazılarının kendilerine uyduğunu görür. Pek çok insan buna fiziksel bir tepki verir. Kendileriyle aralarında bir bağ kurabildikleri bir şeye denk geldiklerinde ürperirler, bel kemiklerinde bir titreme olur ya da sevinç gözyaşları dökerler. Diğerlerine bir bilgiye haiz olma hissi gelir. Bunlar insanların neden burada olduklarının cevabını bulmalarına yardım edebilir."

"Neden bahsettiğinizi biliyorum," dedim gülümseyerek. "Bu daha önce de başıma gelmişti; bir şey okuduğumda ya da duyduğumda onun benim için doğru olduğunu hissettiğim olmuştur. Aslında bu akşam da o anlardan bir sürü yaşadım."

Casey gülümsedi. "Sorunu cevapladık mı John?"

"Sanırım. Seni doğru anladıysam herkes için tek bir cevap yok ama kendini soruya odaklanabileceğin bir pozisyona getirmek o yollardan biri. Farklı tecrübelere ve fikirlere açık olmak ve onlara vereceğimiz kişisel tepkileri izlemek faydalı olabilir."

"Doğru anlamışsın," dedi Mike.

Casey masadan kalktı. "Ben diğer misafirlerimize bir bakayım. Başka bir isteğin var mı John?"

"Hiç sanmıyorum Casey. Teşekkürler. Bir dolunay zamanı kırmızı kurdeleli bir paket almazsam tabii... Alırsam muhtemelen birkaç sorum daha olur."

Casey gülerek Mike'a göz kırptı. "Anlaştık. Sorman yeterli."

18 Casey masadan uzaklaşırken Mike bana, "John, burada mola verdiğinde nereye gidiyordun?" diye sordu.

"Tatilimin başındaydım. Her şeyden biraz uzaklaşmaya, biraz düşünmeye ihtiyacım olduğunu hissetmiştim. Gerçi tam olarak hangi konuda düşünmek istediğimi bilmiyordum. Şunu söylemeliyim ki son..." Saatime baktım. "Son sekiz saattir bu konuda bayağı iyi fikirler edindim.

"Mike, sana özel bir soru sormamın sakıncası var mı?"

"Kesinlikle yok. Nedir?"

Ona baktım. "*Sana* menüdeki soruyu sorduran ne oldu?"

Mike arkasına yaslanırken yüzüne bir gülümseme yayıldı. "Soruyu sorduğumdan neden bu kadar eminsin?"

"Sen, tavrın, burası. Emin değilim ama tam olarak istediğin şeyi yaptığın hissine kapılıyorum.

Bir noktada soruyu sorduğunu ve bu yerin o sorunun sonucunda ortaya çıktığını tahmin ediyorum."

Mike tekrar gülümsedi ve kupasındaki içeceğinden bir yudum aldı. "Birkaç yıl önce hayli yoğun bir hayatım vardı. Akşamları lisansüstü derslerine gidiyor, gün boyu tam zamanlı çalışıyor ve kalan dakikalarımı da profesyonel bir sporcu gibi antrenman yaparak geçiriyordum. İki buçuk sene boyunca hayatımın neredeyse her anı programlıydı.

"Okuldan mezun olunca işimden ayrıldım ve eylül başında başlayacağım yeni bir iş için anlaşma yaptığımdan o yazı kendime tatil ilan ettim. Yakın bir arkadaşımla beraber mezuniyetlerimizi kutlamak için Kosta Rika'ya gitmeye karar verdik. O da okulu yeni bitirmişti.

"Haftalarca ülkenin dört bir yanını gezdik, yağmur ormanlarında yürüdük, vahşi doğayı gördük ve kendimizi bu yeni kültüre teslim ettik. Sonra bir gün, bir ağaç kütüğüne oturmuş, taze mango yiyerek inanılmaz güzellikteki kumsala vuran dalgaları izliyorduk. Öğleden sonrayı otuz derecelik suda vücut sörfü yaparak geçirmiştik ve gün batımında gökyüzünün parlak maviden pembeye, turuncuya ve kırmızıya dönmesini izleyerek keyif yapıyorduk."

"Kulağa çok hoş geliyor," dedim.

"Öyleydi. Karşımdaki manzaraya baktığımı ve son iki buçuk yıldır hayatımın her dakikasını planlarken bu sahnenin kendini her gün tekrarladığını fark ettiğimi hatırlıyorum. Cennet sadece birkaç saatlik bir uçak yolculuğunun ve biraz da toprak yolun ötesindeydi ama ben onun varlığından bile habersizdim. Sonra o cennetin sadece çok yoğun geçen son iki buçuk senem boyunca var olmadığını ama güneşin orada milyarlarca değilse de milyonlarca yıldır battığını ve bir o kadar zamandır da dalgaların o kumsalı dövdüğünü düşündüm.

"Bu uyanış karşısında kendimi çok küçük hissettim. Sorunlarım, bende strese neden olan şeyler, geleceğe dair endişelerim, hepsi çok önemsiz göründü. Hayatımda her ne yaparsam yapayım ya da bir şeyler yapmasam da, kararlarım doğru, yanlış veya ikisinin arasında bir yerde de olsa bütün bunlar ben öldükten çok sonra da devam edecekti.

"Orada, doğanın inanılmaz güzelliği ve ihtişamı karşısında ve hayatımın çok daha büyük bir şeyin sonsuz bir parçası olduğu anlayışıyla bir süre oturdum. Sonra aklıma 'Neden buradayım?' sorusu geldi. Çok önemli sandığım her şey aslında önemli değilse nedir önemli olan? Var olma amacım ne? *Neden buradayım?*

"O sorular kafamda belirince Casey'nin sana tarif ettiğine çok benzeyen bir şey yaşadım. Ben onları bulana kadar cevaplar hep benimleydi."

Arkama yaslandım. Fark etmemiştim ama Mike konuşurken, söylediklerinin hiçbir parçasını kaçırmamak için öne doğru eğilmiştim.

"Teşekkürler Mike. Müthiş bir hikâye bu."

"Hayat müthiş bir hikâye John. Sadece bazı insanlar yazarın kendileri olduğunu ve hikâyeyi istedikleri şekilde yazabileceklerini bilmiyor."

Mike masadan kalktı. "İşimin başına dönüp mutfağı biraz temizlemeye başlasam iyi olur. Başka bir şeye ihtiyacın var mı John?"

"Hayır, sanırım birazdan yola çıkarım. Yol demişken, buraya gelirken bayağı kayboldum. Şimdi hangi yöne gitmem gerektiğini gerçekten bilmiyorum."

Mike gülümsedi. "Eh, bu nereye ulaşmak istediğine bağlı."

Bir şey daha söyleyecek gibi oldu ama sonra vazgeçmiş gibi sustu. Tekrar konuşmaya başladığında bambaşka bir düşünceyi dile getirdiği çok belliydi. "Bu yoldan birkaç kilometre devam edersen bir dört yol ağzına çıkarsın. Sağa sapınca otobana çıkacaksın. Giriş rampasından hemen önce bir benzin istasyonu göreceksin. Oraya varacak kadar benzinin var."

İstasyona ulaşacak kadar benzinimin olduğunu nereden bildiğini bilmiyordum ama içimden bir ses haklı çıkacağını söylüyordu. Masadan kalkıp ona elimi uzattım. "Teşekkürler Mike. Burası çok özel bir yer."

Elimi sıktı. "Rica ederim John. Sana iyi yolculuklar." Bunu söyledikten sonra arkasını dönüp gitti.

19 Menüye baktım.

Neden buradasın?

Ölümden korkuyor musun?

Halinden memnun musun?

Bunlar derin sorulardı. Biri bunları bana bir gün önce sorsaydı biraz kafayı yediğini düşünürdüm. Ama şimdi oturduğum yerde menünün arka yüzünü okurken o sorulara maruz kalmadığımı hayal bile edemiyordum.

Casey masama geldi, hesabı bıraktı ve bana bir kutu uzattı. "Bu çilekli raventli turtanın son dilimi. Mike'tan sana bir güle güle hediyesi."

Sonra, "Ve bu da benden," dedi bana bir menü uzatarak. Ön yüzüne, "Dünyanın Kıyısındaki Kafe" yazısının altına benim için bir mesaj yazmıştı. Onu okudum, sonra tekrar okudum.

"Bizi hatırlaman için küçük bir şey," dedi Casey gülümseyerek.

"Teşekkürler Casey. Her şey için teşekkürler."

"Benim için bir zevkti John. Bunun için buradayız."

Masaya biraz para bıraktım, menüyü ve turta kutusunu aldım, kafeden çıkıp yeni bir güne adım attım.

Güneş çakıl taşlı park alanının ötesine uzanan alanda, ağaçların üstünden yeni yeni yükselmeye başlamıştı. Havada yeni bir günün başlangıcının habercisi olan o durağanlığın son kalıntılarının yanı sıra şimdiden hareketlenmiş yeni bir günün sesleri de vardı.

Kendimi tazelenmiş ve canlı hissediyordum. Kutuyu sağ elimden sol elime geçirip arabamın kapısını açtım.

İçimden, *neden buradayım*, diye geçirdim. *Neden buradayım?*

Gerçekten de çok yeni bir gündü.

Sonsöz Kafede geçirdiğim o akşamdan sonra benim için çok şey değişti. Ortaya çıkış şekilleri itibarıyla bir anda çakan şimşekler gibi değildiler ama hayatım üzerindeki nihai etkileri açısından en azından bir o kadar dinamiktiler.

Anne gibi ben de işe yavaş yavaş koyuldum. Kafeden aklımda, "Neden buradayım?" sorusuyla çıkmıştım ve tatilim boyunca bu soruya kafa yordum. Cevaplar hemen gelmedi. Varoluş amacımı, yani VA'mı bulmanın bir tatili onu düşünerek geçirmekten ve sonra eskiden yaptığım şeylere geri dönmekten daha fazlasını gerektirdiğini öğrenmiştim. Bilinmeye değer pek çok şeyde olduğu gibi, o cevabı açığa çıkarmak da biraz çaba gerektiriyordu.

Sonunda cevabı bulmamı sağlayan, Casey ile Anne'den öğrendiğim yöntemlerin bir birleşimi oldu. Yapmaktan hoşlandığım şeylere her gün biraz zaman ayırarak işe başladım. Bu, Anne'in kullandığı tekniğe benziyordu. Sonra Casey'nin bahsettiği, fırsatlardan yararlanma tekniğini denedim ve yeni şeyler denemenin, öğrenmenin peşine düştüm. Bu, burada oluşumun olası nedenlerinin yarattığı evrenimi genişletmeme yardımcı oldu. Bir süre sonra o evren artık yolculuğa başladığım zamanki kadar küçük değildi.

Ardından VA'm ve onu gerçekleştirmeyi isteme yollarım da netleşti. İşin ironik yanı, en büyük zorluğu o zaman yaşadım. İki seçeneği tarttığınızda ve o seçeneklerden biri varoluş amacınıza ulaştığınız bir yaşam sürmek, diğeri ise sadece yaşamak olduğunda kararın çok basit olacağını sanıyorsunuz.

Değil.

Zaman içinde pek çok insanın yolculuğunu bu noktada sonlandırdığını gözlemledim. Çitteki bir delikten bakıyor ve sahip olmak istedikleri hayatı net bir şekilde görebiliyorlar ama pek çok nedenden dolayı kapıyı açmıyor, o hayata adım atmıyorlar.

Başlangıçta bu beni çok üzdü. Ama Mike'ın dediği ve benim de inandığım gibi, insanlar bu tercihi hayatlarının çok farklı zamanlarında yapıyorlar. Kimi çocukken, kimi daha sonra yapıyor, kimi ise hiçbir zaman yapmıyor. Bu aceleye getirilecek bir şey değil ve onlardan başka kimsenin kararı olmamalı.

Benim için, "Bir şeyi yapıyorsan ya da çoktan yapmışsan onu yapma şansını bulamamaktan korkmazsın," bilgisi, o kapıyı itmeme çok yardımcı oldu. Bu artık hayatımda benimsediğim felsefelerden biri.

Aklıma kafeyle ilgili bir şeylerin gelmediği tek bir günüm geçmiyor. Casey ve yeşil deniz kaplumbağasının hikâyesini her gün, posta kutumu açıp içinin ihtiyacım olmayan şeylerin reklamları ve teklifleriyle dolu olduğunu her görüşümde hatırlıyorum. Bana doğru gelen ve zamanımı ve enerjimi tüketmeye hazır olan bu dalga her zaman mevcut. Ama artık ben onun var olduğunu biliyorum ve gücümü benden yayılacak dalgalara saklıyorum.

Ayrıca Mike'ın Kosta Rika sahiliyle ilgili hikâyesini de sık sık hatırlıyorum. Büyük resmi içine alan bir bakış açısıyla bakıldığında streslerimiz, kaygılarımız, zaferlerimiz ve kayıplarımız çok da anlam taşımıyor.

Öte yandan anlamı görünüşteki önemsizliğimizin karşısında buluyoruz.

Hayatımdaki değişikliklerle ilgili bir pişmanlığım varsa o da o değişiklikleri daha önce yapmamış olmaktır. Kafedeki o geceden önce buna hazır değildim.

Ama şimdi, neden burada olduğumu keşfettikten ve hayatımı o nedene ulaşabileceğim şekilde yaşamaya başladıktan sonra kapının öteki tarafına bir daha asla geri dönmem.

Yazar Hakkında Otuz üç yaşında yaşadığı hayat dönüştürücü bir olayın ardından John, masasının başına geçip *Dünyanın Kıyısındaki Kafe*'nin hikâyesini anlatmak için ilham buldu. Yazar olarak tecrübesi ya da akademik eğitimi yoktu.

Kitap, yayımlanmasından sonraki bir yıl içinde okuyucuların dünyanın dört bir yanında verdiği kulaktan kulağa destek sonucu Antarktika dâhil her kıtadan pek çok insana ilham oldu. Çoksatanlar listelerinde bir numaraya yükseldi ve yirmi beş dile çevrildi. John o zamandan bu yana *Return to The Why Cafe, Life Safari* ve *The Big Five for Life*'ın da aralarında olduğu başka kitaplar da yazdı. *How to be Rich and Happy* adlı kitabın eş yazarlığını da üstlendi.

John mesajı, yazıları, televizyon ve radyo programlarına katılımları aracılığıyla milyonlarca insana hayatlarını kendi istedikleri şekilde yaşamaları için ilham verdi. Liderlik ve kişisel gelişim alanında ismi Oprah Winfrey, Wayne Dyer ve Deepak Chopra'nın da aralarında olduğu yüz en ilham verici düşünce lideri arasında anıldı. Bütün bunlar onu bugün hâlâ hem şaşırtmaya hem de utandırmaya devam ediyor.

John hakkında daha fazla bilgi için:
www.johnstrelecky.com